本书为国家自然科学基金青年科学基金项目"旅游业驱动下的林区乡村地域系统演化与重构研究"（No.42101209），中国旅游研究院（研究生）优奖计划专项基金资助项目"人—居—业"协同视域下乡村旅游地社区福祉的时空演化及驱动机制研究的部分研究成果。

融合型乡村旅游与林区振兴

张春燕 资明贵 著

Integrated Rural Tourism
and Forested Areas Revitalization

中国社会科学出版社

图书在版编目(CIP)数据

融合型乡村旅游与林区振兴/张春燕,资明贵著. —北京:中国社会科学出版社,2023.11
ISBN 978-7-5227-1582-7

Ⅰ.①融… Ⅱ.①张…②资… Ⅲ.①林区—乡村旅游—旅游业发展—研究—中国 Ⅳ.①F592.3

中国国家版本馆 CIP 数据核字(2023)第 241362 号

出 版 人	赵剑英
责任编辑	王　曦
责任校对	阎红蕾
责任印制	戴　宽

出　　版	中国社会科学出版社
社　　址	北京鼓楼西大街甲 158 号
邮　　编	100720
网　　址	http://www.csspw.cn
发 行 部	010-84083685
门 市 部	010-84029450
经　　销	新华书店及其他书店
印刷装订	北京君升印刷有限公司
版　　次	2023 年 11 月第 1 版
印　　次	2023 年 11 月第 1 次印刷
开　　本	710×1000 1/16
印　　张	13.5
插　　页	2
字　　数	181 千字
定　　价	79.00 元

凡购买中国社会科学出版社图书,如有质量问题请与本社营销中心联系调换
电话:010-84083683
版权所有　侵权必究

序

  国有林场自20世纪50年代末陆续成立以来,其在维护国家生态安全、应对气候变化等方面一直承担着重要的生态功能。然而,地理条件的独特、发展历程的复杂,以及林乡交错的空间格局导致了原本的资源、生态"高地"成为社会经济发展的"低谷",尤其是林场禁伐政策的实施,给广大林区及其代管村庄居民的生计提出了巨大挑战,其中许多区域成为集中连片特困地区,是脱贫攻坚的"硬骨头"。20世纪90年代以来,旅游需求的持续增加,国家政策的大力支持,以及丰富的旅游资源为林区发展乡村旅游带来了良好契机。近30年的中国林区旅游开发与发展,成为林区乡村脱贫致富的有效途径,推动了林区乡村居民生计方式、地域景观、社会关系、文化意象等的转型与重塑。林区旅游扶贫的过程正是社区整体发展的过程,在此情境下,林区旅游开发虽在一定程度上改善了部分乡村居民的生产生活条件,但其发展仍缺乏惠及广大居民的普遍性,且在特定的目标导向下,林区旅游发展的纵向"涓滴效应"与横向"扩散效应"难以得到有效发挥,引致林区乡村利益格局的失衡,暗含着系列社会隐患。在中国社会主要矛盾转变与乡村振兴的时代背景下,对乡村旅游蕴含的丰富社会价值属性给予更加充分的关注,重新反思、剖析林区乡村旅游与乡村全面振兴的深层次内涵，显得格外重要。

作者遵循"理论框架建构—价值契合解析—时空演化剖析—调适策略凝练"的研究径路，引入西方乡村旅游发展过程中的融合型乡村旅游（Integrated Rural Tourism，IRT）概念，以构建符合中国本土特色的融合型乡村旅游理论认知框架与推动林区振兴为目标，在收集、阅读、整理大量文献并进行深入调研、分析的基础上，阐明了林区振兴与乡村旅游发展的内在契合性，并由此提出了林区乡村旅游融合性提升的必要性，以大别山区为案例，系统研究了旅游引导下林场社区的演化与融合发展，以及基于IRT视角，凝练了特定林区振兴模式下的调适策略。上述对乡村旅游发展情境下林场社区演化与融合发展的理论梳理与实证研究呈现了"乡村旅游融合性"的时代价值，而作者的质性研究与量化分析相结合的混合研究思路充实了该书的内容，学术性与接地性兼具是其特色。

作者从IRT的视角深入研究林区振兴与乡村旅游的关系，具有重要的理论意义与实践价值。现有学术史梳理中，不易查到"乡村旅游融合性提升的时代价值、旅游引导下的林场社区演化与融合发展"的相关研究成果，较少有持续、动态、系统地关注林区乡村地域。理论研究的不够深入难以给相对偏远、落后的林区地域以理论与政策指引，而实践经验的缺乏，又进一步阻碍了林区乡村振兴与乡村旅游理论的研究深入，加剧了林区乡村地域的相对落后局面。将西方发达国家的融合型乡村旅游发展理论及其实践经验运用到中国独特的林区乡村，依据中国特色的乡村发展政策与林区独特的地理环境和发展历史予以本土化，系统阐明林区乡村旅游融合性提升的战略必要性与现实必要性，尤其是乡村旅游融合性认知框架的形成为揭示林区乡村旅游融合性水平的空间格局、分异特征、影响因素及形成机制奠定了坚实基础，为IRT视角下林区振兴模式的识别与调适策略的凝练提供了有力的理论支撑。在一定意义上对 IRT 理论的本土化是对其内涵与理论的延伸和拓展，具有一定的创新性。

作者以旅游资源丰富且旅游发展历史较久的安徽省潜山市与原国家级贫困县湖北省罗田县为例，通过对案例地乡村社会经济发展尤其是旅游业发展的持续跟踪，获取了丰富的一手资料，有别于市（县）统计年鉴中的"冰冷"数字，访谈中语句被亲切运用到以林场社区经济转型、政策叠加、地域边界及主体认同为表征的社区演化的分析中。基于个案的深入剖析，IRT 视角下的林区振兴模式识别及调适策略凝练显得更为饱满，有据可依、有案可寻使研究的实践经验为其他类似地域提供借鉴，其实践价值也因此得以凸显。

阅览全书，作者从理论与实证层面对以林区振兴为目标的乡村旅游发展进行了系统性研究，首先，从本质要求、时代价值、系统特征、资源本底与目标体系五个层面探讨了林区振兴与乡村旅游发展的内在契合性；其次，从发展脉络、生计变迁与社区演化三大方面分析了林区乡村旅游与社区发展的互动响应关系；再次，基于乡村旅游融合性认知框架刻画了林区乡村旅游融合性水平的空间格局及影响机理；最后，以 IRT 为视角，科学识别林区振兴的模式，并由此凝练相应的调适策略，这些都为林区乡村发展提供了实践借鉴，同时丰富了林区乡村旅游与乡村振兴的研究成果。受林区乡村地域环境的复杂及相关数据获取的困难等方面的约束，该书引入西方 IRT 理论与实践对"林区振兴"这一宏大命题做了某些方面的回应与思考，个案分析研究所做的努力对林区发展的普适价值仍有待进一步深究。

我是第一著者张春燕的博士后合作导师，这本书是她在学科交叉领域探索的重要作品。张春燕执着且勇敢，勇于踏出自己的舒适区，希望她在今后的科研之路继续昂首阔步，走得更远！第二著者是张春燕的学生，常常听她谈及这名同学。他是勤奋的，也是踏实的，硕士期间认真努力，值得点赞！愿两位作者初心不改，继续前行！

徐晓军

2022年10月于桂子山

目 录

第一章 国内外相关研究的学术史梳理 ……………………（1）
  第一节 关于乡村旅游与 IRT 的研究 ……………………（1）
    一 乡村旅游与乡村振兴 …………………………………（1）
    二 IRT 视域下乡村旅游的可持续发展 …………………（7）
  第二节 关于社区发展与乡村复兴的研究 ……………（16）
    一 典型社区的营造路径与对策 ………………………（16）
    二 乡村复兴的背景、内涵与路径 ………………………（22）
    三 林场社区的发展、演化与振兴 ………………………（27）
  第三节 关于适应性管理的理论与应用研究 ……………（29）
    一 适应性管理理论的内涵与特点 ………………………（29）
    二 适应性管理模式及其应用 …………………………（31）
    三 旅游地适应性管理与可持续发展 ……………………（34）
  第四节 研究述评 ………………………………………（36）

第二章 林区振兴背景下乡村旅游融合性提升的时代价值 ……（38）
  第一节 乡村旅游融合性的科学认知框架 ………………（38）
  第二节 林区振兴与乡村旅游发展的内在契合性 ………（39）
    一 本质要求的契合性：以人民为中心 …………………（39）
    二 时代价值的契合性：构建新型城乡关系 ……………（43）

三　系统特征的契合性：综合性、长期性与差异性 …… (47)
　　四　资源本底的契合性：自然、文化与精神资源 …… (51)
　　五　目标体系的契合性：五大总体要求 …… (55)
第三节　林区乡村旅游融合性提升的必要性 …… (61)
　　一　林区乡村旅游融合性提升的战略必要性 …… (61)
　　二　林区乡村旅游融合性提升的现实必要性 …… (65)

第三章　田野工作区与研究方法 …… (73)
第一节　大别山区国有林场概况 …… (73)
　　一　大别山区国有林场分布 …… (73)
　　二　案例地国有林场旅游业发展及辐射村庄旅游
　　　　受益情况 …… (74)
第二节　研究主要案例地概况 …… (83)
　　一　案例地一：潜山市 …… (83)
　　二　案例地二：罗田县 …… (86)
第三节　研究方法 …… (88)
　　一　质性研究方法 …… (88)
　　二　定量研究方法 …… (89)
第四节　指标体系构建 …… (92)
　　一　指标选取原则与方法 …… (92)
　　二　指标阐释 …… (94)
第五节　数据来源与处理 …… (100)
　　一　数据来源 …… (100)
　　二　数据清洗与处理 …… (101)

第四章　旅游引导下林区社区的演化与融合发展 …… (104)
第一节　林区乡村旅游与社区演化 …… (104)

一　经济转型与旅游开发:发展脉络 …………………(104)
　　二　政策叠加与旅游发展:生计变迁 …………………(110)
　　三　地域边界与主体认同:社区演化 …………………(114)
　第二节　乡村旅游融合性水平空间格局与影响机理………(118)
　　一　测度结果与空间差异………………………………(118)
　　二　影响因素与障碍因子………………………………(142)
　第三节　IRT视角下林区振兴模式识别及调试策略………(151)
　　一　振兴模式识别………………………………………(151)
　　二　调适策略凝练………………………………………(160)

第五章　结论与讨论……………………………………………(169)
　第一节　结论与对策…………………………………………(169)
　　一　表层实践:林区乡村旅游发展与社区演化 …………(170)
　　二　深层逻辑:乡村旅游融合性水平空间格局与
　　　　影响机理……………………………………………(171)
　　三　具体路径:IRT视角下林区振兴模式识别及
　　　　调试策略……………………………………………(174)
　第二节　不足与展望…………………………………………(174)

参考文献…………………………………………………………(176)
附件一　主要受访人员基本信息表……………………………(196)
附件二　林区乡村旅游融合性测度调查问卷…………………(200)
后　　记…………………………………………………………(205)

第一章 国内外相关研究的学术史梳理

第一节 关于乡村旅游与 IRT 的研究

一 乡村旅游与乡村振兴

现代社会里,乡村旅游是人们回归自然、体验原生态生活的有效方式,也是促进农村经济发展的有效途径。《促进乡村旅游发展提质升级行动方案(2018年—2020年)》、《关于促进乡村旅游可持续发展的指导意见》、《全国乡村产业发展规划(2020—2025年)》与《国务院关于促进乡村产业振兴的指导意见》等政策的相继发布为乡村旅游发展提供了科学指引。国内乡村旅游业的蓬勃发展产生于广大乡村实现脱贫致富、转型发展的情境之中,正逐步缓解着乡村社区空心化、农业边缘化、主体疏离化等难题。乡村旅游业的发展,重塑着乡村地域经济、社会、文化子系统,旅游带来的现代性与流动性力量渗透至传统乡村地域中,使其社会结构、景观空间与文化习俗等产生了巨大的变化(徐冬等,2019;张涵等,2020;生延超等,2021;王华等,2021;周梦等,2021)。

乡村是具有自然、社会、经济等特征的地域综合体,兼具生产、生活与生态等多重功能,是人类活动的重要空间。党的二十大报告指出,全面建设社会主义现代化国家,最艰巨、最繁重的任务仍然在农村。全面推进乡村振兴,要加快建设农业强国,扎实推动乡村产业、人才、文化、生态、组织振兴。实施乡村振兴战略是解决我国现阶段社会主要矛盾的根本方针,意义深远。党的十九大以来,国家先后出台《乡村振兴战略规划(2018—2022年)》《中共中央 国务院关于全面推进乡村振兴加快农业农村现代化的意见》《中共中央 国务院关于实现巩固拓展脱贫攻坚成果同乡村振兴有效衔接的意见》《中华人民共和国乡村 振兴促进法》等政策法规为乡村振兴战略的实施提供了体制机制与政策体系的保障。

产业振兴是满足乡村居民对美好生活的向往、建设社会主义现代化乡村与促进城乡融合发展的重要支撑(朱启臻,2018)。乡村旅游在拉动乡村地域经济增长、促进产业振兴的同时,对农业的多功能价值实现、生态环境的保护与改善、乡土文化的传承与发展等具有重要现实意义(向富华,2018;蔡克信等,2018)。乡村旅游是助推乡村振兴的重要驱动力,是实现乡村振兴的有效路径(李志龙,2019)。乡村旅游与乡村振兴的二元互动关系是旅游学、地理学、社会学等多学科领域研究的重要课题,相关研究聚焦于乡村振兴战略背景下乡村旅游发展的逻辑、动力与路径,乡村旅游引导乡村振兴的过程、格局与机理,高质量发展背景下乡村旅游与乡村振兴的协同发展等(陆林等,2019;赵飞等,2019;贾未寰等,2020;麻学峰等,2020;马瑛等,2021)。

(一)乡村振兴背景下乡村旅游发展的逻辑、动力与路径

乡村振兴战略实施以来,休闲农业与乡村旅游迎来了发展的鼎盛时期,与此同时,新时代的宏大社会精义也为乡村旅游发展提出了更深层次、更符合发展的要求:生态优先,绿色发展;因地制宜,特色发展;以农为本,多元发展;丰富内涵,品质发展;共建共享,融合发展。基于此,学术界探索了乡村振兴战略背景下乡村

旅游发展的逻辑、动力与路径。

乡村旅游发展是一个层层推进的过程。银元和李晓琴（2018）运用"驱动力—状态—响应"模型梳理了乡村振兴背景下乡村旅游的响应逻辑，在产业定位方面的由点及线、空间开发方面的由块到面、主客互动方面的由单向向双向、运行机制方面的由单一主体向多元主体以及经济效益方面的由短期性向长期性的转变分别对应着乡村振兴战略的总体要求。有学者基于文旅融合与乡村振兴的内在逻辑，阐明了乡土文化符号化与舞台化形成的乡土性内生力量对文化的传承与旅游产品文化内涵的丰富具有的重要现实意义（耿松涛，2021）。也有研究分析了乡村旅游发展过程中存在的弊病，发现部分乡村地域的旅游发展中存在居民被边缘化、生态环境呈现破碎化的现象（张春美等，2016；王庆生等，2019），因此，确立居民在乡村旅游发展中的主体地位，提升乡村旅游发展的内生性和居民的积极性与主动性才是乡村振兴背景下乡村旅游发展的科学逻辑（蔡建刚等，2020）。

2021年是乡村振兴开启元年，也是巩固发展脱贫攻坚成果与乡村振兴的有效交汇期（陈小燕，2019）。立足特殊时期的时代特征，邓小海（2021）认为，现阶段乡村旅游发展的动力出现了转换，乡村居民对美好生活的向往将更加深刻地融入乡村旅游发展的内生力量。新时代人民的"美好生活向往"对旅游业发展提出了更高的要求，现代性乡愁促使都市居民对田园生活充满向往，乡村文化、生活、景观等表征的乡村性与都市的繁华、喧嚣、快节奏等显现的现代性之间的差异所形成的拉力与推力的双重作用是助推乡村旅游发展的驱动力（唐任伍等，2018；陈晓艳等，2020）。有学者着眼于乡村旅游经济的稳定性与可持续性，将经济发达度、交通便捷度、环境舒适度作为助推乡村旅游发展的动能（苏飞等，2020）。另有学者则将研究视角聚焦于乡村旅游政策、法规的变迁对乡村旅游发展的影响，乡村旅游规划、乡村文化、资金扶持等不同类型的政策与省级、市级、乡镇级等不同尺度政策的变迁与延续直接关系到乡村旅游发展的可持续性（舒伯阳等，2019；张园刚等，2021）。

因地制宜、因时制宜，探索具有地方特色和中国特色的乡村旅游发展道路是乡村振兴战略背景下实现农业农村现代化的有效途径和必然要求。20世纪80年代中后期，国内乡村旅游发展拉开序幕，历经近40年的发展，国内乡村旅游虽呈现遍地开花的格局，但仍面临提质增效、转型升级的难题。宋慧娟和陈明（2018）提出，政府引导发展、培育运营主体、深化产业融合、创新发展模式等实现以乡村旅游助推田园综合体建设。张祝平（2021）以文旅融合为契机，认为厚植乡土文化、传承乡村根脉能够提升乡村旅游的文化内涵从而推动乡村旅游高质量发展。乡村旅游发展使乡村闲置的资源得到了优化配置，特色民宿的发展使乡村地域原本遗弃的房屋成为乡村居民生计资本的重要组成部分，也吸引了资金、人才、技术等生产要素向乡村地域流动，推动了城乡融合发展的进程（陶虹佼，2018；李桥兴，2019）。乔宇（2019）在分析海南省乡村民宿发展的资源本底和现有发展格局的基础上，提出了优化民宿分区布局、提供民宿扶持基金、鼓励民间资本投资等政策性建议。

（二）乡村旅游引导乡村振兴的过程、格局与机理

乡村旅游能够有效引导资本、信息、人才等要素向乡村地域空间流动，促进产业融合与空间布局优化。旅游业作为一种现代性与流动性力量的表征（孙九霞等，2019），其驱动乡村地域可持续发展是对工业化、城镇化单向驱动乡村线性发展理念的较大突破，对城乡融合与乡村振兴影响深远。乡村旅游业的发展契合了人们对美好生活的向往，有利于推动具备良好资源本底的乡村地域实现以旅游为导向的振兴发展，解决乡村地域发展不平衡不充分的问题。陆林等（2019）在梳理乡村旅游带动乡村振兴相关研究的基础上，提出了研究框架,旨在揭示乡村旅游对乡村人地关系地域系统的作用过程与影响机理。

乡村地域多功能发展是提升乡村地域韧性的必然选择,乡村旅游的发展则能够促进农业的多功能性发展,实现乡村产业振兴(蔡克信等,2018)。文化作为旅游发展的灵魂,乡土文化、民风民俗、文化遗产等是乡村旅游发展的内核与核心吸引力,乡村旅游的发展为乡土文化的传播与发展注入了活力,提升了乡村居民的文化自豪感(吕龙等,2018)。美丽乡村建设使乡村地域人居环境与农业生产条件有所改善,促进了农业、农村、农民的现代化转型(王文龙,2016),乡村旅游发展则驱动着乡村经济发展、交通条件改善与生态环境整治,为美丽乡村建设奠定了坚实的基础,有利于实现生活富裕与社会稳定(王昌森等,2019)。乡村能人与乡村干部在乡村旅游发展过程中发挥着重要作用,其将原本传统、封闭的乡村地域推向流动、现代的旅游场域中心,市场、管理、法制等价值观念与思维模式席卷乡村基层治理,乡村社会秩序与基层协商机制在旅游场域中得以逐渐完善(黄鑫等,2020)。

中国特色的乡村旅游是市场需求与政府引导共同作用的结果,是现阶段解决"三农"问题的有效途径(王晨光,2018)。吴思斌等(2018)提出当前部分乡村将现代科学技术融入旅游发展过程中,形成独具特色的"互联网+农旅"的现代乡村旅游系统,为多元化开发乡村旅游资源、提高乡村地域经济效益、优化乡村产业发展模式奠定了坚实的基础。吴巧红(2018)则立足女性视角,认为乡村旅游给女性提供了就业机会,促进了女性的社区参与,提升了女性的政治话语权,为乡村振兴与旅游地可持续发展贡献出了重要力量。张高军等(2019)在探索巴山腹地玉湖长滩乡村旅游发展模式时,发现政府(管委会)、企业与村民在乡村旅游发展过程中通过"利益博弈"实现了科学制衡,三者各司其职,引领乡村不断走向思想、组织、文化、经济、人口与环境等的全面振兴。

新时代背景下，乡村旅游发展也有了新的历史使命。乡村旅游通过优化乡村产业结构、促进农业经济转型、提供新的就业机会、提高社区居民收入来推动乡村现代化建设（周玲强，2018）。地方政府、居民、经营者、旅游者等多元主体的良性互动，外生式驱动与内生式发展的内外平衡，以及以"农"为本的包容性发展是乡村旅游促进乡村振兴的科学路径（舒伯阳等，2018）。旅游型村落是集生产、生活、生态、生养于一体的生命共同体，向外界展示了田园风光、民居风貌、人文风情等乡村之美，旅游型村落的建设是对传统村落的现代性改造与优化（黄细嘉等，2018）。魏超等（2018）指出乡村旅游促进了武汉市边缘区乡村人居环境的改善与景观风貌的优化，推动了乡村土地利用结构的调整与地域"空心化"问题的缓解，实现了乡村地域的转型发展。

（三）高质量发展背景下乡村旅游与乡村振兴的协同发展

党的十九大首次提出中国经济由高速增长阶段转向高质量发展阶段的新表述，为各行各业的发展提供了一种兼具时代性和战略性的发展定位与策略。今后，高质量发展将贯穿国家发展的各领域和全过程之中，旅游业正经历一场前所未有的嬗变（周丽等，2021）。乡村旅游在面临历史问题的积淀与现实问题的挑战时，将如何在高质量发展宏大精义背景下与乡村振兴协同发展是乡村地域实现复兴与乡村旅游业高质量发展的核心议题。

乡村振兴与乡村旅游的融合发展，能够改变乡村面貌、促进居民就业、提升居民生活品质（杨安平等，2020）。学者重点关注了乡村旅游与乡村振兴的耦合协调度，以省级为尺度，构建了契合乡村旅游系统与乡村振兴系统耦合发展的指标体系，探究了影响两者耦合协调度的因素，为乡村地域可持续发展提供了现实借鉴（聂学东，2019；马小琴，2019；庞艳华，2019；张众，2020；董文静等，

2020)。王勇(2020)认为在国家为高质量发展定好调子、指明方向的基础上,应结合乡村地域实际,走一条具有地域特色的乡村旅游高质量发展之路,以增强推动乡村振兴的产业支撑力、环境影响力与文化吸引力。肖黎明等(2021)以乡愁为切入点,基于黄河流域生态保护与高质量发展的国家战略,用乡土文化与乡村记忆表征的乡愁培植乡村旅游中的乡村性与原真性,从而提升乡村旅游发展的"温度",实现乡土——人性结构的回归与建构,促进乡村旅游与乡村社会同频共振。民族村寨旅游的高质量发展旨在充分融合自身的独特文化、新颖服饰、别致美食与特色建筑等,发挥民族村寨旅游资源的本底优势,以旅游赋能乡村产业兴旺、环境宜居、文明友善、生活富饶等,推动民族地区振兴发展(刘红梅,2021;周丽等,2021)。

二 IRT 视域下乡村旅游的可持续发展

(一) IRT 的概念与内涵

在国内乡村旅游扶贫实践不断借鉴国外"Pro-Poor Tourism"(PPT)和"Sustainable Tourism-Eliminating Poverty"(ST-EP)发展模式的同时,中国也逐渐形成了本土化的乡村旅游理论体系。为促进乡村地区的生态环境保护、社区关系和谐稳定与可持续发展,Saxena 和 Ilbery(2008)基于英国与威尔士边境的乡村网络运行特征,引出了融合型乡村旅游(IRT)的概念,并认为融合型乡村旅游模式的核心在于创造公平的发展环境和实现乡村地域可持续发展。

IRT 源于欧盟实施的"支持和促进欧洲落后农村地区融合型旅游业的发展"研究项目。融合型乡村旅游遵循一种文化经济方法,这种方法能够识别和分析区域动态,探寻融合型旅游发展的关键特征,其中"经济"一词强调资源、生产和消费之间的关系,而"文化"试图捕捉当地的利益规模,以及生产和消费的内容(Ray,1998、2001)。而后 Saxena 等(2007)地理学者基于此研究项目将融合型乡村旅游定义为与旅游地经济、社会、文化、自然和人力资源有明确联系的旅游业，其目的在于实现乡村地区的可持续发展和社区增值，认为融合型乡村旅游是一种发展乡村的工具。

在融合型乡村旅游的概念研究方面，王琼英、唐代剑（2012）认为，城乡统筹背景下融合型乡村旅游是一种既能满足旅游者价值也能满足旅游地居民价值的乡村旅游发展模式。乡村旅游最开始因逃避工业城市的污染和快节奏的生活而兴起，学者基于前人从不同角度对乡村旅游进行研究的成果，提出对于融合型乡村旅游中"融合性"的不同理解，进一步总结出多元视角下融合型乡村旅游中"融合性"的内涵（王琼英等，2012；Saxena et al.，2007；Stoffelen et al.，2017；Calza et al.，2018）（见表1.1）。

表1.1　　　　　　　　　　IRT 融合性的理解

角度	作者	年份	概念
空间	Weaver D. B.	1998	乡村旅游发展核心区和旅游业不发达地区的融合
人力资源	Mulvaney R. H.	2007	乡村地区劳动人民通过教育和培训融入地区经济发展网络是消除社会排斥和获得竞争优势的一种手段
机构	Vernon J.	2005	将旅游经营管理机构、旅游协会、政府管理部门等机构整合到关系网络中，通过契约形成正式关系结构
机构	Stoffelen	2017	以治理和社会资本为润滑剂，在利益相关者、旅游资源与目的地社会经济组织之间形成联系
创新	Macbeth J.	2004	通过将新的理念和流程融合到旅游产品中，从而实现旅游产品销售量的增长和形成竞争优势
经济	Dudding V.	2000	经济部门和乡村旅游业的融合，尤指零售业和农业
经济	Veeck G.	2006	经济部门和乡村旅游业的融合，尤指零售业和农业
经济	王琼英	2012	乡村特色产业与文化融合，形成特色产业集群
经济	Calza	2018	社会经济联系与典型农业过程的融合
社会	Kneafsey M.	2001	在发展乡村旅游的同时，注重对旅游业发展质量的追求，以及对乡村生态环境的保护和可持续发展的关注

续表

角度	作者	年份	概念
政策	Dredge D.	2006	将乡村旅游与国家和地区政策中更为广泛的多样化的发展目标相结合
时间	Elsevier	2005	通过过去与当前的经济、社会和文化需求相结合，将历史遗迹或历史遗产商品化
社区	Oakes T.	1999	游客以"客人"的身份融入乡村地区，以当地居民的标准满足他们的生存和物质需求，游客和当地居民一同嵌入乡村旅游价值链中

在对融合型乡村旅游基本概念进行研究的基础上，西方学者认为融合型乡村旅游具有多维性和多样性，并基于不同的视角对融合型乡村旅游的关键维度（主题）给予了不同理解（Ilbery et al., 2007; Clark et al., 2007）。现有研究大多认为 IRT 的内涵包含七个维度，即网络、规模、内生性、嵌入性、赋权、可持续性和互补性，在随后出现的研究成果中可以发现，学者基于自己的研究视角对 IRT 的维度进行了解释。研究总结不同学者关于 IRT 内涵中七个维度的理解并梳理出适用于中国乡村旅游与乡村振兴背景下 IRT 的本土化概念（见表1.2）。

表1.2　　　　　　　　IRT 内涵的七个维度

维度	西方概念	本土化概念
网络	旅游参与者合作开发与管理旅游业的能力（Saxena G. et al., 2007; Clark G. et al., 2007）	不同行为主体间和资本、景观、文化等非行为主体间的关系和相互作用（陈培培等，2015；王鹏飞等，2017）
规模	旅游发展在时间尺度的变迁与地理范围的分布（Saxena G. et al., 2007; Clark G. et al., 2007）	旅游发展的影响范围与地理边界（任航等，2018）
内生性	旅游发展依靠本地资源的程度（Saxena G. et al., 2007; Clark G. et al., 2007）	旅游多要素协调、多元化发展的能力与多主体参与的程度（马历等，2019）

续表

维度	西方概念	本土化概念
嵌入性	旅游在当地经济、文化、政治、社会、生态等领域发挥的作用（Saxena G. et al., 2007; Clark G. et al., 2007）	旅游与社区经济、政治、文化、资源等形成共同体（王维艳等，2020）
赋权	旅游参与者通过法律法规或规划对该地区旅游业的政策控制程度（Saxena G. et al., 2007; Clark G. et al., 2007）	提高旅游参与者的自主权，发挥旅游参与者的能动性（唐兵等，2014；王进等，2017）
可持续性	旅游发展不损害并且优化生态环境与资源的程度（Saxena G. et al., 2007; Clark G. et al., 2007）	旅游高质量发展及与生态、文化、社会融合、协调发展（高俊等，2020）
互补性	旅游发展提供的资源与设施有利于地区人民生产生活的程度（Saxena G. et al., 2007; Clark G. et al., 2007）	旅游与社区经济、政治、文化等耦合协调，相互促进（杜群阳等，2019）

综合来看，融合型乡村旅游作为一种新型乡村旅游发展模式，其以融合性为基础的概念体系与国家所提倡的可持续发展目标和乡村振兴的理念不谋而合，能够切实解决目前中国乡村地区旅游业发展动力不足、旅游产品同质化、旅游组织结构松散等问题，能在发展乡村旅游的同时保护并改善乡村地区生态环境，创造生态良好、生活宜居和生产可持续的乡村环境，实现乡村地区居民的个人价值和社会价值。

（二）IRT 的可视化分析

文献检索发现，融合型乡村旅游相关的中英文文献总量较少，其中中国知网数据库中对融合型乡村旅游的研究不足 10 篇，因此依据文献分析软件 CiteSpace 对于数据来源的要求，在 Web of Science（WOS）核心合集中，以主题 =（integrated rural tourism）、文献类型 =（article or review）和语言 =（English）进行检索，时间阶段设置为 1985—2020 年（Slice Length = 1），共获取相关文献 266 篇，最后通过人工梳理剔除未讨论 integrated rural tourism 而只探讨 rural tourism 或 tourism 的文献，甄选出有效文献 40 篇，进行可视化分析。

CiteSpace 是美籍华人学者陈超美教授开发的用于数据挖掘和信息可视化的软件（孙威等，2018），研究主要采用 CiteSpace5.7.R^2 软件中作者合作网络分析与关键词共现网络分析对融合型乡村旅游研究领域的主要内容与演进过程进行可视化分析。为避免无效样本数据对知识谱图分析造成的偏差，前期对样本文献进行人工筛选，结合科学知识图谱工具和传统文献分析方法，从客观数据分析和主观文献研读两个方面科学系统地综述融合型乡村旅游与旅游发展，以及可持续旅游之间的联系。

CiteSpace 作者合作网络分析可以显示该研究领域的核心人物以及研究者之间的合作、互引关系（胡泽文等，2013）。将甄选出的有效论文的数据导入 CiteSpace，参数为"作者"，得到发文作者及合作网络分析图谱（图 1.1）。由于样本论文数量较少，图中没有明显的节点大小差异，但是从作者标签的大小和节点之间的连线可以看出学者的发文数量和合作关系。由普莱斯定律可计算出融合型乡村旅游研究领域核心作者发文数量 $N \approx 0.749 \sqrt{n(\max)}$，$n(\max)$ 代表该领域发文数量最多的作者发表的论文数目（刘琨等，2017）。

根据 CiteSpace 分析结果可知 Saxena 和 Ilbery 发文数量最多，皆为 6 篇，即 $n_{\max} = 6$，可知核心作者发文数量 $N \approx 1.835$，则发表论文 2 篇及以上的作为该研究领域的核心作者，共计 17 人，结合作者合作网络分析图谱与文献梳理发现，融合型乡村旅游本身作为一个新兴的概念，投入该领域研究的学者与该领域出现的研究成果数量都还较少，这在一定程度上使普莱斯定律计算出的核心作者发文数量

图 1.1 研究作者合作网络图谱

对应的作者数量的可信度受到影响。Saxena 和 Ilbery 两位学者对融合型乡村旅游概念的探讨与基于英格兰—威尔士案例的研究奠定了该领域的研究基础，是融合型乡村旅游研究的奠基人。综合来看，融合型乡村旅游这一主题仍处于理论研究发展的初期，作者之间联系较少，缺乏理论上的突破与创新。

关键词能够体现一篇文章的核心观点，是对文章主体内容的总结与凝练，从文献的关键词视角出发深入研究，有利于抓住研究重点，拓展研究范围（韩增林等，2016）。图 1.2 展现的是融合型乡村旅游关键词聚类分析图谱。图谱中的 Modularity Q 值（简称"Q"）是网络模块化的评价指标，值越大表示网络得到的聚类效果越好，$Q > 0.3$ 意味着得到的网络组团结构是显著的，$Q = 0.7181$ 说明聚类网络结构显著。图谱中的 Silhouette 值（简称"S"）用来衡量网络同质性的指标，值越接近 1，反映网络的同质性越高，S 为 0.7 时聚类结果是具有高信度的，若在 0.5 以上，可以认为聚类结果是符合要求的。$S = 0.9029$ 说明绘制的关键词聚类视图具有高度的可信度和真实度，利用该图进行聚类分析的结果应当是科学合理的。该关键词聚类图谱中主要聚类有战略选择（Strategic Selection）、基于事件的研究方法（Event-based Approach）、乡村旅游（Rural Tourism）、威士忌旅游（Whisky Tourism）、可持续发展（Sustainable Development）6个，聚类3、6、7、8、9、12都是可持续发展、交叉重叠的聚类，也体现出可持续发展在融合型乡村旅游研究中的核心地位。

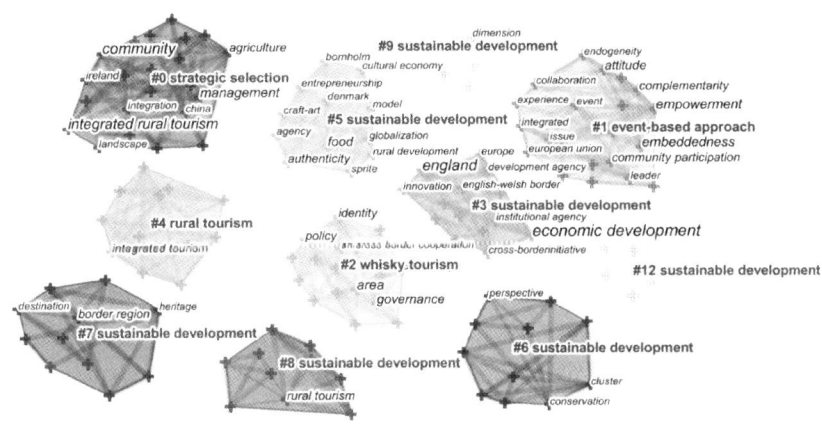

图1.2　研究关键词聚类分析图谱

（三）IRT与乡村旅游可持续发展

可持续发展既是中国的国家战略，也是世界各国的共同追求，更是发展融合型乡村旅游的目标。从上述图谱中可以看出，融合型乡村旅游的研究往往伴随着对可持续发展的探讨。融合型乡村旅游因其在经济、社会、文化与生态之间建立了强大的网络联系，所以在西方相较其他形式的旅游更具有发展的可持续性（Saxena et al.，2007）。为了深入认识融合型乡村旅游并探寻实现可持续发展的方案，Cawley（2007）从乡村发展、乡村地理学、社会学、农业经济学、生态学等多学科领域研究乡村发展和可持续旅游。Saxena和Ilbery（2008）从融合型乡村旅游网络维度视角出发，指出社区参与和多元主体包容性的复杂问题仍然是创建公平的、可持续的、融合的乡村旅游的核心。

为了促进可持续和融合的旅游形式，乡村旅游参与者群体在机构资金的支持和当地的帮助下，动员了体现"最佳实践"（Best Practice）的网络，并重新开发当地资源供社区使用（Ilbery et al.，2009；Saxena et al.，2010）。上述分析体现出西方学者在研究融合型乡村旅游时注重对社区参与的探讨，展现出社区居民在旅游场域中共创共建共享的关键角色。

与融合型乡村旅游研究初期所表征的可持续发展理念不同，后续研究由对融合型乡村旅游多元视角分析可持续发展路径转向更多关注乡村地域本身去维持并改善乡村旅游的融合性、原真性与可持续性。Maria 等（2015）强调乡村景观对融合型乡村旅游发展的重要性，认为乡村景观在乡村地域有巨大的改善旅游体验的潜力，乡村自然、文化景观区别于都市景观的乡村特色是景观消费市场中旅游吸引力产生的源泉。Berjan 等（2015）从原真性视域解析原始的自然文化与历史遗产、原真的乡村生活体验何以成为融合型乡村旅游产品的基础。

随着乡村旅游的发展，乡村地域文化与仪式在旅游凝视中被逐步异化，并失去原真性与神圣性，由精神文明和美好期盼的寄托、先祖崇拜与神灵敬畏演变为机械展演与利益获取的方式。乡村地域共同体在外来冲击与内部博弈中不断消解，成为乡村衰退的根本原因，如何重塑乡村地域共同体成为复兴乡村地域的先导问题。Francesco 等（2018）从民族文化视角出发，认为融合型乡村旅游模式在乡村地域共同体重塑中发挥着重要作用。融合型乡村旅游可以促进社区居民、旅游经营者、政府与游客等多元主体间由竞争博弈向理性融合转变，使民族地区依托内生资源与地域特色应对异域文化和外来因素的冲击。

（四）IRT 与国内乡村旅游发展

由于融合型乡村旅游概念是在欧洲国家复兴乡村地域的背景下

衍生出来的，研究的案例地多选择英格兰—威尔士边境（Ilbery et al.，2009；Saxena et al.，2010；Ilbery et al.，2011）、法国与爱尔兰地区（Cawley et al.，2007）、西班牙和希腊地区（Petrou et al.，2007；Panyik et al.，2011）。发达国家较早地认识到了乡村地域衰退的问题，也采取了不同措施去实现乡村复兴，法国的"乡村发展计划"、日本的"农村振兴运动"以及韩国的"新村运动"等都是典型案例。发展中国家的乡村地域特征及其综合发展水平与欧洲发达国家的乡村地域具有较大差距，因而融合型乡村旅游是否也适用于发展中国家乡村地域值得更加深入的探讨。

Saarinen 等（2014）的研究将旅游业纳入发展中国家的乡村发展与规划，并提出融合型乡村旅游框架需结合实际规划案例，从而研判其是否能够成为发展中国家乡村旅游的理论和现实选择。现有的融合型乡村旅游框架建立在欧洲场域中，并结合具体，案例地发展的特征不断发展。Lenao 和 Saarinen（2015）突破欧洲国家地域限制，创新性地选择发展中国家乡村地区——博兹瓦纳卡拉卡马蒂村作为案例地，研究融合型乡村旅游能否作为评估当地乡村文化遗产旅游的可行性工具。该研究仍以 Clark 所建构的融合型乡村旅游内涵的七个维度为基础，探索住宿经营者、社区居民、信托基金成员与导游等对每个维度的认知。虽然尚未突破以往研究框架的限制，缺乏结合当地实际而对融合型乡村旅游感知测度指标体系的优化，但从融合型乡村旅游理论的长远发展来看，案例地从发达国家向发展中国家乡村地域的转变使研究具有丰富融合型乡村旅游理论体系与提升其实践价值的作用。

随着国外研究的逐步深入，国内学者也尝试基于中国本土乡村地域探索融合型乡村旅游的发展路径。郑辽吉（2013）认为融合型乡村旅游应采取集景观开发（Land Development）、社区认同（Community Acceptance）、旅游活动（Tourism Activity）和游客满意

（Visitor Satisfaction）于一体的 LCTV 分析框架，LCTV-ANP 发展路径能够充分发挥融合型乡村旅游的潜力。高静等（2017）以陕西袁家村为例，探讨了融合型乡村旅游在推动乡村地域空间重构、可持续生计与强化地方认同、实现传统村落振兴中的驱动作用。李燕琴（2019）在我国乡村振兴战略背景下，借鉴融合型乡村旅游理论框架与西方逻辑，提出了一条符合中国特色和时代特点的乡村振兴与城乡融合发展之路。

第二节　关于社区发展与乡村复兴的研究

一　典型社区的营造路径与对策

"社区"的概念最早由德国社会学家滕尼斯在《社区与社会》（*Gemeinschaft and Gesellschaft*）中提出，德文"Gemeinschaft"一词被国内学者译为"共同体"。国内学术界认为社区包括地域共同体、血缘共同体与精神共同体，且将人与人之间形成的共同的文化意识及亲密友好的关系视作社区的核心意蕴（吴鹏森，1992；李文茂，2013）。滕尼斯认为传统的、原生态的乡村社会向被现代化、商业化浸淫过的社会过渡后，人际关系与社会联系的特征发生了较大变化，由此"社区"与"社会"被提出用来表征人类共同生活的关系与联结的呈现（姜振华，2002）。"社区"存在于传统的乡村地域，是人与人之间相互帮助、扶持，关系密切与彼此信任，且富有人情味和烟火气的社会团体（费孝通，1997）。在"社区"情境下，连接人们的并不是理性的契约关系，而是长期共同生活形成的以血缘、情感、伦理、道德等为纽带的关系联结，人们基于感性的动机形成了亲密、和谐与友善的关系（王铭铭，1997）。

回溯世界发展历程，经历了工业革命的西方国家城市化进程加快，大规模的城市建设、复刻般的高楼大厦、一墙之隔的个体化生活等引致地方社会自主性、个性与能动性的丧失等一系列社会问题（王淑佳，2013）。在社区中"独自打保龄球"并不是人们对美好生活的诠释（罗伯特，2011），温馨的"家"与温暖的"社区"是密不可分的互嵌关系，以"家"为单位的个体空间建设离不开社会公共空间的共生实践，社区营造恰恰是对社区系列问题与社区关系异化等的反思（蔡静诚等，2020）。

社区营造开始于最早兴起工业化与城市化的英国，而后在步入经济高速增长阶段的日本达到兴盛，随后传播至中国及东南亚地区。20世纪五六十年代，处于经济高速增长阶段的日本由于大量的社会青年涌入大都市，出现了都市"贫困性富裕"与乡村"过疏化""空心化"共在的现象（莫筱筱等，2016），由此日本政府倡导社会青年返乡深耕故土、重振乡村以缓解日本城市化进程中带来的社区衰落问题，此过程被称为"造町运动"。

20世纪80年代，中国台湾地区也出现了与日本类似的现象。在社区营造过程中，中国台湾地区充分借鉴了日本"造町运动"中的经验，并吸取教训，以"人、文、地、景、产"为着力点，立足社区居民的内生式发展，传承与创新历史文化、凸显地域特色、营造社区景观与打造在地化社区产品是其重要路径（苗大雷等，2016）。中国语境下的社区营造是日本与中国台湾地区模式的本土化实践（郑中玉，2019），"自上而下"与"自下而上"相结合的模式嵌入社区治理现代化的时代格局中，实现了有温度的社会与有为的政府的同时在场（陈昭等，2021）。

20世纪30年代，"社区"一词由社会学家费孝通引入我国，在community中的"社群性"与"地域性"两个内涵的基础上，将其译为"社区"，其核心要义为在一定地域范围内的社会生活群体（陈劲松，2003）。2010年，"社区营造"被引入中国大陆，同样生长于城市化快速发展与现代化、流动性力量对乡村的冲击的城乡发展困境中，吸引了社会学、建筑学、公共管理学、城乡规划与环境科学等多个学科领域的专家学者的关注。早期国内学术界对于社区营造的研究主要由城乡规划领域的学者承担，相关研究结合布尔迪厄的场域理论、列斐伏尔的空间生产理论等，内容则主要聚焦于日本与中国台湾地区经验的借鉴（高红，2021）。

近些年，具有中国特色的社区营造强调社会内生式发展，注重社区居民参与积极性与社区主体力量的培育，以社区的社会发育与活力为目标（尹广文，2017；蔡静诚等，2019）。中国地域辽阔、地域类型复杂与社区形式多样的特点促使社区营造必须基于社区地域本底特征，采取差异化、地方化的路径以实现社区增权、社区科学建设与社区治理的现代化。

（一）传统村落与民族村寨社区营造

我国城乡规划领域主要将社区营造应用于传统村落的保护与开发、社会主义新农村社区的建设等方面（刘勇等，2017）。传统村落具有独特的民风民俗、特色的地域景观和丰富的文化基因。遗憾的是，我国部分传统村落面临衰败甚至消亡的境况，需要通过社区营造来使传统古村落寻求到保护与发展的平衡，使传统古村落健康有序地发展。我国台湾地区社区营造中"人、文、地、景、产"五轮驱动式的社区营造路径被福建客家文化传统社区在土楼历史建筑与村落环境的再生与重塑中借鉴，采取促进居民身份转型、活化与保护历史风貌等措施重塑社区感，实现乡村社区的复兴（许为一等，2021）。如今，被席卷在现代化浪潮中的人们已不再满足于快节奏的都市生活与日新月异的变化，渴望从那些难以触碰到的、具有历史年代感的文化遗迹中体验"真实性"（Poulious，2013）。云翃等（2021）在分析遗产村落作为文化遗产与日常场所双重身份的基础上，借鉴日本社区营造的理念与思想，同时融入人地关系地域系统的内涵对遗产村落的活态保护与再生展开了研究。

少数民族传统村落的街巷肌理、建筑风貌、民风民俗与乡土活动无不承载着民族发展的历史记忆和文化内涵，是我国传统文化的重要组成部分（王经绫，2021）。全球化、现代化、城市化发展带来的现代性力量与旅游业发展表征的流动性力量给少数民族村落带来了巨大的冲击，使少数民族村寨的生活环境、神圣场所被商业化、世俗化，也破坏了村寨乡村记忆与乡土文脉的延续性与原真性。杨浏熹（2021）以社区共同体意识为视角，认为社区营造能够凝聚社区共同体意识，而社区成员对社区的认同感、归属感、责任感表征的社区共同体意识可以激发社区发展的内生动力，从而促进少数民族社区的"活态化"保护。同样立足地方感，朱梦源（2018）将尊重村寨的自然本底、历史环境与居民的意志需求视作少数民族村寨社区营造的目的，只有尊崇村寨民族活动与宗教传统的神圣空间，才能创造出富有人情味的生产、生活、生态空间，激发居民的认同感与归属感。

全球化浪潮下，不论是传统村落还是民族村寨的社区营造，都是一个不断经营与创造的过程，政府由上而下的支持引导、社会组织的积极参与，尤其是居民由内而外的认可、自主参与和主动实践，是社区营造中实现乡村地域现代化转型发展的中坚力量。

（二）城市社区营造与社区治理

社区是城市的基本单元，社区的稳定、活力与可持续深刻影响着城市的健康有序发展（东昆鹏等，2021）。城市社区承载着居民的情感记忆，是展现城市人文底蕴与历史文脉的魅力空间，不仅包括物质的实物遗存，还蕴含着非物质的历史与生活的痕迹（王景慧等，1999）。城市不断发展，规模不断扩大，基础设施不断完善，但也引发了"城市失忆"、文脉断裂、拆迁风波、地方性削弱等一系列社会问题，城市社区的活力逐渐丧失，成为冰冷的、独立的个体空间的组合。在此背景下，不少学者深入挖掘舶来品中的"社区""社区营造"等概念，认为城市社会问题的产生源于人与人、人与地之间关系联结的弱化甚至断裂导致的社区"共同体"的消解。

城市绅士化过程中，部分社区产生社会分异，当地居民被迫流向城市其他地域，社区"共同体"意识弱化，城市社区空间犹如"空壳"，在城市规划者的炫目设计下也无法呈现出浓郁的生活气息与城市的蓬勃朝气。重塑社区"共同体"，激发城市社区活力已然成为当下城市扩张与城市更新并存背景下的难题。社区营造能通过社区组织解决公共议题，协调社区主体间的利益关系，更重要的是其强调让社区居民成为社区主人，由他们共同掌握家庭的、社区的命运，政府在此过程中更多的是扮演服务者的角色。

社区共同体在城市更新中不断消解与重构，不少传统的街巷与院落空间消失在历史的长河中，这些载体蕴含的民族文化、社区记忆、地方乡愁的传统意义随之消散。为重建通州南大街回族聚居区的城市历史景观，汤宇杨等（2021）从历史街巷、历史空间、历史场所、历史建筑四个维度出发，以尊重民族地域特色与文化、重塑城市集体记忆为核心，进行了社区管理与社区营造并行的路径，双管齐下为南大街回族居民区的保护与发展提供保障。城市商业街巷具有城市商业空间与居民生活空间的双重性质，社区居民与社区商户间的矛盾容易引发居民的不满及与经营者对街巷空间的使用权与支配权的争夺，北京南锣鼓巷、武汉户部巷都出现过类似问题。部分规划学者从实践应用性出发，提出应将商业街巷与生活院落分离，以减少各功能片区的相互干扰，并增加商业街巷中游客旅游体验的层次感（陈铭等，2020）。与聚焦个案研究不同，高艺多（2020）梳理了城市社区的本土实践，将现有的社区营造模式分为空间营造、社会营造与文化营造，不同的营造模式从不同层面实现社区感与社区认同的提升，旨在使社区成为真正的基层社会治理单元。

（三）山区社区营造与脱贫攻坚

山区、林区是我国生态文明建设的重要部分，在维护国家生态安全、应对气候变化与维持生物多样性等方面承担着重要的生态功能。山区、林区的乡村是我国广大乡村地域的缩影，但山区、林区的乡村因其交通条件、经济发展的滞后及空间的闭塞存在区别于其他典型乡村地域的特质。林场改革的持续推进，精准扶贫的大力实施，促进了山区乡村与林区乡村地域经济的发展，但同时，由于山区、林区复杂的发展历程与林乡交错并存的空间特点使生态破坏严重，山区乡村与林区乡村可持续发展风险日益增加。因此，山区乡村与林区乡村在实现振兴的征程中任务更为艰巨，面临的困难也更为复杂。但爬梳现有研究成果发现，将研究视角聚焦于山区乡村与林区乡村高质量与可持续发展的较少，且鲜有研究关注山区乡村的社区营造问题。

多年来，我国经历了从脱贫减贫到精准扶贫、从脱贫攻坚战再到实现全面建成小康社会的伟大征程，山区乡村与林区乡村则是该过程中最难啃的"硬骨头"。党的十八大以来，不少学者意识到社区营造的理念与价值和精准扶贫的战略、方针相契合，乡村地域社区营造的兴起源于经济衰退、人口外流、社区凋敝、文化消逝而引致的社区共同体衰落的现实困境，而上述困境的致因往往与地域贫困的成因相一致（黄建，2018）。

社区营造属于山区乡村扶贫治理体系中最关键的、有效的、创新的力量，切实弥补并改善了政府与市场的扶贫策略在山区乡村地域的双重"失灵"问题。黄土高原是我国生态环境极为脆弱的区域，针对黄土广布、降水稀少的高原社区，方松林等（2013）认为当地社区营造应以保护与改善生态环境为核心，建设"山顶种树、山腰修田、山脚建棚"的立体化农业循环经济模式。我国西南丘陵社区相较黄土高原在交通区位、基础设施、生态环境等方面更具优势，特别是部分丘陵社区依靠丰富的旅游资源促进乡村旅游的发展，因此，当地社区的营造目标为形成融社区管理、服务、资源整合为一体的社区共同体，以改善丘陵社区居民的人居环境，提高社区居民福利水平（杨和平等，2020）。

二　乡村复兴的背景、内涵与路径

20世纪上半叶的几十年里，先后爆发了两次世界大战和数以万计的地方战事，世界性的经济危机也从美国蔓延至各国，以城市为核心的发展模式能否维持国家的长盛不衰被人们所质疑，部分学者开始将乡村社会的转型变迁与国家的命运联系起来。工业革命以来，西方国家的工业化进程往往伴随城市规模与数量的不断扩大，与城市工业、商业、服务业等经济活动与形式日益丰富、兴盛的境况不同，广大乡村地域面临农业生产凋敝、乡村人口流失、乡村宅基地闲置等全面衰退的困境。

乡村地域的持续衰退，导致城乡发展差距不断扩大。然而，乡村地域衰败的背后隐藏着各种社会危机，威胁着乡村居民的生产生活与乡村地域的可持续发展，因此，重建传统乡村、复兴乡村社会成为民众迫切的愿景与时代的呐喊（沈费伟等，2017）。第二次世界大战以后，西方国家在重建城市、恢复经济的过程中逐渐意识到乡村建设与农业复兴的重要性，出现了复兴乡村的经典模式，如"韩国新村运动""日本造村运动""德国村庄更新"等，为其他乡村地域改革与复兴提供了可借鉴的经验（沈费伟等，2016）。

与中国一样，法国有着悠久的小农经济历史，其乡村地域在经历了现代化高速发展进程中的阶段性衰落后，在社会经济发展转型的推动与国家政策的积极干预下，逐步实现了人口增长、经济振兴、社会重构、文化复兴与空间资源的重新利用，迎来了法国乡村地域的"再青春"（Barou，1994；范冬阳等，2019）。法国乡村复兴使城乡关系产生了新的变化，作为"掠夺者"的城市开始"反哺"乡村，城市与乡村由对立走向互动和共赢。现代法国乡村居民生活方式的日益现代化，表征着对城市价值观的认同感，同时，乡村地域在发展过程中也力求保持不同于城市的地域景观、生活习惯与文化特质等，乡村发展的独立性与自主性彰显了乡村的独特魅力。便利、快捷、规律的城市生活与休闲、舒适、闲散的乡居时光共同构筑起现代法国人的日常生活图景（熊芳芳，2018）。

快速城镇化、工业化与现代化的多重冲击下，当下中国乡村地域面临劳动力、土地、资金等生产要素的流失，以及由此带来的乡村社会文化衰败与传统村落共同体瓦解等危机（李明烨等，2018）。长期置于"城市目标导向"情境下的中国乡村，受城乡二元体制的深远影响，其现代命运往往处于被动、弱小的地位，与强势的"城市中国"（Woetzel，2009）相较而言，"乡土中国"（费孝通，2013）社会结构日益瓦解、话语权利逐步丧失。"社会主义新农村建设""美丽乡村建设""新型城镇化""城乡融合发展"等发展战略表征的宏大时代精义凸显了乡村地域对中国社会主义现代化发展的重大意义（朱霞等，2015）。

（一）国外乡村复兴的内涵与路径

国外乡村复兴研究吸引了来自乡村地理学、乡村社会学与乡村经济学等领域的专家学者的关注，基于自身学科背景与专业知识阐释了他们视野中乡村复兴的内涵。国外乡村地理学在乡村复兴领域的研究聚焦于乡村土地利用、乡村空间规划、乡村景观设计等方面，认为乡村复兴是重塑乡村地域环境、空间、景观等地理事物和现象的社会与经济过程（Kitchin et al.，2009）。近几十年来，国外乡村社会学研究经历了从现代主义、后乡村社会到新乡村社会学，再到注重乡村文化研究的转向。因此，国外乡村社会学学者将乡村复兴理解为传统意义层面的乡村政治、经济、社会文化的组织形式与内部结构的变化，也蕴含着乡村不同产业发展部门与社会主体的发展（Kiss，2000）。

在西方经济学界，乡村经济学与农业、农区等概念与外延联系，在《改造传统农业》一书中，作者解读了乡村复兴的实质是农业体系的完善与发达，现代化的农业发展体系、科学合理的农业发展模式与发达的乡村经济是国民经济稳定增长的基石（舒尔茨，1987）。梳理多学科领域学者对乡村复兴内涵的阐释，不难发现乡村复兴在不同学科情境下有不同的意涵，同时也存在共识。乡村复兴是一个动态发展、长期累进的过程，是由衰败、边缘化、破碎化的乡村向兴盛、和谐、健康有序的乡村转变的过程，是一项涵盖乡村政治、经济、社会、文化、环境等多方面、多层次的系统性工程。

国外学术界对乡村复兴的探索形成了结构功能、政治经济与社会建设等多重视角（Grimes，2000；Woods，2010），也形成了城乡关系、乡村景观重塑与乡村社区发展等多个焦点研究主题（Njegač, et al.，1998；Ruda，1998；王华等，2006），但乡村复兴背后的机理是什么？地理学视域下，乡村空间的重新分割与规划是进行乡村复兴的必然选择，乡村地域生产、生活、生态空间是相互联系、相互作用的地理空间，需要重塑乡村地理空间，使乡村地域空间优化整合，以达到乡村复兴的目标。社会学视野下，实现乡村复兴需通过捕捉生活中的现象，将其抽象、凝练为各类社会问题，解决乡村地域生活中的各类问题恰恰是复兴乡村的过程。经济学家则认为乡村地域的复兴往往体现在乡村经济与农业生产的振兴与繁荣，发达的、现代化的农业体系是乡村复兴的最佳表征。政治学家将乡村社会组织形式与结构的完善、稳定视为乡村复兴的表现，即乡村复兴是一个政府与居民协商、互动的政治问题。

在乡村复兴的过程中,不少国家颁布了众多相关政策法规,用于指引乡村地域发展、乡村基层治理、基础设施建设等。此外,学术界也探讨了其他关于乡村复兴的必经之路。确立并充分发挥村民主体性是实现乡村复兴的前提。日本"造村运动"的开展成功调动了乡村地域居民的自主性与积极性,唤醒了村民对故土的集体记忆与乡愁情怀,推动了乡村的再造与重塑(Batten,1967)。美国乡村复兴是社区居民群体主导、谋划与实施乡村建设的过程,政府也围绕居民群体的意志先后出台关于农业农村的法律法规。政府的积极支持与科学引导是实现乡村复兴的关键,长期以来,乡村地区依附工业化与城市化,成为城市发展的物质保障,沦为城乡关系中弱势的一方,由此需要政府在其中以"看得见的手"进行调节。韩国政府在"新村运动"时期,向全国乡村拨款20亿美元作为改善农村地区基础设施建设的发展资金,对农业生产活动的开展与农业生产体系的完善提供帮扶。

法律法规与政策制度的完善是实现乡村复兴的保障。国外乡村复兴的进程往往伴随着意义深远、影响重大的法律制度。日本的《农林渔业金融公库法》、德国的《土地整理法》、荷兰的《空间规划法》与加拿大的《农村协作伙伴计划》等为乡村复兴任务的顺利开展提供了目标导向、战略方针与实现路径,是复兴乡村地域的制度支撑与政策保障(沈费伟等,2018)。以农民为主体的社会组织作用的充分发挥是实现乡村复兴的重要力量,国外由农民形成的农民协会是乡村发展的自治组织,在增强农民社会地位、维护农民发展权益等方面发挥着重要作用。日本的农业协会以提升乡村居民的文化素质为目标;法国的农民协会致力于传递前沿的市场信息给农户;韩国的农民协会则吸收村民的金融贷款,帮助破产的农户重新恢复生产能力,从而助力农业生产的复兴(沈费伟等,2016)。

全球化时代背景下,国外乡村复兴的成功案例和国外学者对乡村复兴的探讨给予国内乡村复兴实践以国际化的全球乡村复兴视野和可供选择的理论基础、实践经验与政策见解。以全球眼光放眼中国农业农村问题，吸收借鉴人类乡村复兴文明优秀成果，科学把握理论与实践的差异性与实用性，同时立足我国广袤乡村地域发展实际，建设美丽、高质量与可持续的中国乡村社会。

（二）中国乡村复兴的探索与实践

新中国成立以来，农村的资金、人力、物产等各类要素源源不断地进入城市的工业化、现代化与全球化进程中。那个年代，毋庸置疑的是乡村建设本身也在为城市化与工业化提供服务和助力，"城市先进而农村落后的观念"已融进几辈乡村居民的血液，从思想上加剧了乡村地域的衰败（李昌平，2017）。改革开放40多年来，中国经历了过去快速的城市化与工业化到现在的向高质量城乡融合发展迈进的时期，其间，我国不少区域不可避免地走了一条以牺牲乡村地域为代价的、激进的、不可持续的现代化进程。本就相对落后的乡村地域在城乡二元体制下不堪重负，陷入贫困化、老龄化、空心化、边缘化、土地撂荒、共同体消解等系列社会发展困境，羸弱的乡村在"乡村城镇化"理念裹挟下变得愈加脆弱。在城乡矛盾不断加深的背景下，政府和社会都呼吁统筹、协调城乡发展与复兴乡村地域，激发乡村地域发展的生命力，推动"乡土中国"与"城市中国"向"城乡中国"转变。学术界也从多重视角探讨了乡村问题的解决对乡村复兴的重要性。

乡村复兴具有丰富的内涵与意蕴。实践探索中，中国的乡村复兴主要体现为外在意义与内在含义（张京祥等，2014；申明锐等，2015）。外在意义表现为乡村在城乡地域系统中的重要地位，使乡村在文化传承、生态保护、社会和谐等方面发挥在城乡体系中应有的作用，与城市互促互进、平等发展。内在含义则是指在城乡融合发展背景下，乡村地域在基层治理、经济发展、人居环境与居民生计等方面实现长足的发展与内生式的繁荣。

近年来,中国对乡村发展、繁荣与复兴路径的探索由外在助力向内生式复兴转变,学者通过对个案的深描与剖析揭示了乡村复兴的机理与意义。张京祥等(2015)发现走乡村工业化、走线性转型的复兴模式引致乡村性的遗失,使乡村与城市并无二异,是村落的另类衰败与消失。王京海等(2016)刻画了资本驱动下乡村在治理体系、经济发展与乡土社会等方面的变迁,区分自上而下与自下而上两种资本驱动型乡村复兴模式的差异与特征,以避免资本操纵下乡村集体的"失声"与自主发展权的丧失。乡村旅游开发也是推动乡村复兴的有效路径,尤其是现代性乡愁背景下城市居民对田园生活的向往,恰恰能通过将乡村地域的自然风光、农耕文明、风土民俗等规划为具有观光、游览、休闲等功能的度假场所,满足城市居民回归自然、参与农业生产、了解风土人情的休憩需求(王超超等,2016)。

三 林场社区的发展、演化与振兴

工业革命极大地促进了各国的工业生产,大生产、大开发与大建设使人类社会与自然环境间的关系日趋紧张,甚至出现了不同程度、不同层面的生态环境危机。在此背景下,人类社区急需在保护生态环境的同时,寻找一条既能提升社区居民生活水平,又能推动林区地域可持续发展的治理路径(贺龙兴等,2016)。20世纪70年代以前,西方国家主要采取自上而下的方式对国土中的森林资源进行管理,政府成为国有林场生产、经营、管理等方面的主导力量,社区处于森林场域的边缘地带,由此带来效益衰减与社会冲突等(Aggarwal,2020)。森林场域是政府、市场与社区等多元主体相互作用的社会空间,其发展、演化不是一成不变、单一静态的,而是受地域复杂的政治、经济和社会条件所影响呈现动态演变的特征，林场与社区间公平和效率的兼顾成为林场治理、可持续发展的难题。

自"社区"概念引入我国并引起广泛的关注后，社会学、地理学、人类学与心理学等学科领域的学者多关注"城市社区"和"乡村社区"，或在"社区"概念上衍生出"旅游社区""工业社区""大学社区"等，而森林、乡村空间交错、边界模糊的林场社区成为学术界忽视的空间（张春燕等，2017）。地理位置偏远、森林层叠覆盖、交通条件落后、经济发展滞后交互影响下的林场社区不同于"城市社区"与"乡村社区"的显露于外而受到学界、业界、政界的关注，被长期忽视的林场社区是我国广大乡村社区的缩影。大多林场所在的山区乡村地域曾是我国集中连片特困地区之一，而随着禁止砍伐政策的落实和林场改革措施的颁布，国有林场社区居民原本引以为傲的事业单位建制下的"优越身份"和"丰厚工资"一去不复返，林场社区居民逐渐和周边行政村居民一样陷入贫困的窘境，这是内外部因素共同作用的结果，缘何复兴、何以复兴成为林场社区在精准扶贫时期的战略议题。

山区、林区是国家扶贫攻坚的前沿阵地之一，张春燕等（2017）以大别山国有林场为案例地，发现大别山区旅游业的发展有效推动了当地的扶贫工作，在此基础上分析了旅游业发展对林场社区的社会建设与社区空间形态和组织结构的重塑作用。为了提高林场社区的可持续发展能力，林场与社区的共同管理是学术界和政府部门提倡的科学合理的林区振兴模式。林场与社区共同管理机制的探索与实践既能提高林场及周边社区居民的生活水平，又能促进林场生态资源的有效保护与可持续利用（柯水发等，2016）。

林场社区的合作共管是林场与社区的双赢机制，内蒙古旺业甸林场与社区的共管实践实现了林区管护的规模效应和社区居民的参与式振兴，提升了社区居民对林场的认同感与归属感，避免了以往林场与社区间利益分配不均而引致的矛盾和冲突，优化了林区地域共同体的关系联结。然而林场与社区的共管机制并非一经实施就能实现两者的共赢，共管模式经历了赎买模式、租赁模式、股份合作模式与间接合作模式的变迁，当前以股份合作模式和间接合作模式为主，由外部政策驱动与内部发展需求共同影响（余元林，2018；高爽等，2020）。林场社区是我国生态文明建设的重要载体，林场社区的复兴事关乡村振兴全局。

第三节 关于适应性管理的理论与应用研究

一 适应性管理理论的内涵与特点

在全球气候与环境变化研究中，"适应"是人类社会响应地球自然环境变化的最新机制，国际社会对全球变暖、臭氧层变薄、极端天气增加等地球自然环境变化的关注经历了20世纪70年代的预防与阻止（Prevention）到80年代的减缓（Mitigation），再到21世纪被普遍认同的适应（Adaptation）过程（王文杰等，2007）。千万年来，动物和植物在全球自然环境的变化中生存、繁衍与进化，人类的出现加剧了全球自然环境的变化速率，遭受自然界灾害反噬的人类社会无法阻止全球演化进程，唯有积极主动地调整自身的行为与活动，在人类文明发展前进的同时，提升区域生态环境系统抵抗外界风险与应对不确定性、不稳定性因素的恢复能力。

"恢复力"源于系统论思想，最早被生态学家用来描述生态系统在受到外界干扰后恢复到原有系统状态的能力（Holling，1973）。"适应"是由"恢复力"延伸出来的表示区域生态系统在受到外部因素扰动时，系统内部恢复的综合响应过程，体现出在调控生态系统恢复能力的不稳定性、提升恢复力的变幅与抗性、完善区域生态系统多尺度相互作用的能力（Loreau et al.，2003）。

适应性管理是基于学习决策模型的一种资源管理框架（Williams，2011），当外部环境（市场、政策、资金等）变化时，通过实施动态的、可操作性的与柔性的资源管理计划，能够使现有的资源管理者学习环境变化内容与规律，进而不断改进并完善管理制度与政策，推进管理实践的系统化和科学化（Nyberg，1998）。适应性管理最早被应用于澳大利亚和北美的渔业资源经营与管理，20世纪末和21世纪初在自然资源与生态系统管理等方面得到广泛应用。

适应性管理理论的内涵比较丰富。国外政府部门将适应性管理视作逐步减少管理决策中的不确定性、不稳定性，从而推动管理方针、政策与实践不断调适优化，其本质是在自然资源管理的过程中学习、捕获、加工、吸收信息的能力（Habron，2003）。西方森林生态系统管理评价委员会认为适应性管理是将计划的执行和决策的实施视为正在进行的科学管理实验，通过实验结果来验证计划和决策中的假设，以分析计划执行效果并提出优化措施的过程（Johnson et al.，1999）。适应性管理是在已有的系统知识与经验的基础上，总结前期实践过程中的经验与教训，制定科学合理的、目的明确的管理决策与计划，而后系统内部各部门严格按照计划要求实施管理与决策（Parma，1998）。

适应性管理是由问题识别与界定、方案设计与执行、过程监测与分析、结果评估与反思、管理优化与调适所构成的多要素、多程序的系统性过程（Murray，2004）。其目标在于通过实现决策与计划而展开积极的管理实践活动，研究自然资源与生态环境在活动过程中的响应，剖析设定的预期目标与动态监测结果之间的差异性及其背后的影响因素，从而提高对系统要素、结构与功能的认知水平，以增强自然资源管理与生态环境保护的科学性与有效性

(Taylor，1997)。

服务于最高决策是适应性管理的最终目的。最高决策的参与人员通常有政策制定与决策者代表的顶层设计者、专家学者与技术人员代表的知识与技术的掌握者和涵盖商人、下层管理者、公众及其他利益群体的利益相关者三大群体，每个群体在适应性管理全过程中都发挥着重要作用（徐广才等，2013）。"动态"是适应性管理的最大特征。与传统的反复检验方法不同，动态的适应性管理有效规避了效果反馈缓慢引致的长期管理不善的问题和检验失败导致的系统不良影响，制定、实施、监测、学习、调适等形成的动态化的流水线般的程序是实现适应性管理的关键（冯漪等，2021）。当然，适应性管理并不是应对任何复杂系统的良方，当处于成熟、风险较弱、简单、线性的系统时，适应性管理不能有效凸显其优势与效果，因此，需因时、因地制宜，合理选择适应性管理（Allen，2011）。

二 适应性管理模式及其应用

（一）自然资源中的适应性管理

工业革命以来，人类开发利用自然资源达到了前所未有的速度，尤其是对矿产资源在内的不可再生资源的开发利用形成了众多著名的工业城市，随着科学技术的进步与自然资源需求的日益增加，部分资源型城市面临资源枯竭、转型困难的发展桎梏。"开源节流"以实现自然资源的可持续利用成为现代资源开发利用的宗旨，适应性管理是在人们对自然资源开发、利用和保护认知不断深化的背景下产生的一种新的自然资源管理的理念与模式。自然资源中的适应性管理有利于人们在实践过程中提升自然资源系统规律的认知水平，在此基础上优化自然资源管理模式。

地表水、地下水和水生态系统等水资源伴随自然灾害一同形成了复杂的、具有不确定性的流域水资源系统，流域治理也是水资源系统适应能力提升的过程。佟金萍等（2006）在流域水资源与地方经济、社会协调发展理念的指导下，围绕流域水资源系统健康和可持续发展构建了流域水资源适应性管理体系。流域水资源系统是一个复杂的、开放的巨系统，尽管学术界已构建出流域水资源适应性管理模式，但较少有方案应用于指导水资源管理实践，理论与实践之间的鸿沟仍需进一步填补（金帅等，2010）。

面积辽阔、栽培量少、退化严重是我国草地资源的基本特征（旭日干等，2016），受全球气候变暖、过度放牧及人为破坏等因素的影响，我国草地退化甚至沙漠化较为严重，草地资源的可持续利用关乎牧区经济可持续发展、牧区社会和谐稳定与牧民生计安全（侯向阳等，2015），因此，我国草原地区的发展引发了社会各界的广泛关注。学术界主要从草地资源保育和管护的视角进行了理论探索与实证研究。董世魁（2009）主张从草地资源生产和管理、牧区社会与政策两个方面对现有牧区草原系统进行调整。何欣（2013）以家庭牧场为视角，分析现有政策指导与制度规定格局下家庭牧场中草地资源的利用与管理问题，认为针对草地资源的适应性管理迫在眉睫。也有学者从农户生计资本切入，指出干旱区草地适应性管理有利于增强草原地区牧业—自然—人文系统的恢复力（孙特生等，2018）。

（二）生态系统中的适应性管理

第二次世界大战后，全球进入整体和平发展时期，人口和经济增长速度加快，全球变暖、臭氧层破坏、土地荒漠化、生物多样性减少等生态系统问题日益严峻，直接或间接地影响人类的健康与全球经济的可持续发展。人类社会对生态系统的持续索取而不进行修复与管理终将遭到反噬，异常的天气、频繁的自然灾害、海平面上升等都昭示着自然界对人类社会的抗争。生态系统不是封闭的，而是动态的、复杂的、开放的，生态系统的适应性管理是以区域生态系统中的要素、结构与功能或系统整体的恢复力为调适与管理目标，不断探索、认识区域生态系统演化与发展的规律，从而凝练出在面对外来扰动和冲击时采取的提高系统应对能力和管理水平的路径的系统过程（王文杰等，2007）。

生态系统适应性管理能够通过控制性的科学管理、监测和调控活动，提高人类社会对生态系统演化规律及驱动机制的认知水平，从而从容应对生态系统容量在面临冲击时的动态调整与社会对生态系统提供的资源需求的变化（赵庆建等，2009），最终实现人与自然和谐共生。西方国家在生态系统适应性管理方面的实践为我国解决生态系统管理存在的问题提供了很好的案例借鉴，美国的西北部森林计划、澳大利亚的城市边缘水循环管理和德国的近自然森林经营等融合自然科学与社会科学理论，以生态学、经济学和管理学等学科知识为基础，将系统管理与社会改革相结合，注重发挥社会—生态系统中人的主观能动性，以实现生态系统可持续发展（林群等，2008）。

广大森林地域被称为地球之肺，在保持水土、涵养水源、防风固沙等方面承担着重要的生态功能，森林生态系统是学界、业界、政界共同关注的重要生态系统。在全球气候变化背景下，叶功富等（2015）提出气候影响下的森林生态系统适应性管理，关键在于掌握气候变化对树木自身生态特性的、森林系统中物种的分布及森林生态系统的结构和功能等方面产生的影响，在此基础上构建"气候—森林"生态系统响应模型。当今我国森林生态系统中的资源管理权力被林业、农业、土地、交通、旅游等多个部分分割行使，现行立法条件下，森林资源管理权的分割在一定程度上制约了森林生态系统功能的整体发挥（高静芳，2017）。美国在森林生态系统综合管理模式下，通过对生态系统结构、功能的科学评估，对森林生态系统进行动态化的科学监测，成立跨越部门的管理委员会，划定适应性管理区域的林业生态系统综合管理模式成为世界范围内森林生态系统保护与恢复的典范。

除了在学术研究中经常被探讨的流域、森林生态系统,也有学者从资源、环境承载力视角探索其他生态系统的适应性管理,特别是特殊类型的生态系统的适应性管理为地域生态安全、经济可持续发展和社会稳定带来了积极影响。王祺等(2015)提出应降低工业废气、废水以及固体废弃物的排放总量,加强区域间的合作,共同建立基于生态系统的适应性管理"反馈—调节"机制,寻求经济健康发展和生态系统优化的平衡点。从环境承载力视角出发,向芸芸等(2018)通过评估海岛资源环境承载力的大小,识别出海岛生态系统的胁迫因子,以明晰海岛资源开发与保护间的界线。位于世界屋脊——青藏高原上的草地生态系统在全球气候变暖与人类活动加剧的情形下,面临着不同程度的退化,危害着地区生产、生活和生态安全。在高寒草地生态系统适应性管理的研究中,学者强调应以生态学理论为基础,以实现草地资源可持续利用与草地生态系统的保护和修复为目标,从畜牧业科学发展、政策法规的支持和生态保护教育培训等多方面进行系统适应性管理(孙建等,2019)。

三 旅游地适应性管理与可持续发展

全球重要农业文化遗产(GIAHS)保护和适应性管理项目自2002年问世以来,先后确立了多个农业生态系统作为试点。针对农业文化遗产的形成历史与自身特点,联合国粮食及农业组织提出了动态保护和适应性管理的思路,以更好地保护和管理农业文化遗产(孙业红等,2009)。在此基础上,学者将适应性管理置于旅游地发展情境中,探讨旅游地适应性管理与旅游业可持续发展间的联系。旅游地管理模式是旅游业可持续发展语境下备受关注的研究话题,学者一致认为,从旅游地的健康可持续发展来看,不存在具有普适性的、单一静态的最优管理模式，只有因地制宜、因时制宜，考虑旅游地的地域本底特征，才能建构与旅游地演化过程相匹配的动态适应性管理模式（杨春宇，2009）。

20世纪80年代以来，旅游业长期被认为是"无烟产业"，在增加外汇收入、拉动经济增长的同时，提供了大量就业机会，也促进了我国产业结构的优化调整。然而，部分旅游地在旅游业发展过程中陷入了环境破坏（张国忠，2006）、文化异化（高慧智等，2014）、社会冲突（郭凌等，2016，钟洁等，2018）、经济漏损（刘逸等，2020）等困境，因此需要科学认知人类与自然环境之间深刻关系联结的演化过程（Parviz，2009），挖掘旅游地社会—生态系统的演化机制及其背后的主体博弈关系，剖析旅游地生命周期规律并科学研判旅游地所处阶段，凝练出能够实现地方旅游业高质量发展的适应性管理路径（杨春宇，2011）。

旅游社会—生态系统是旅游活动与其所依存的社会生态环境间构成的旅游场域中的主体与社会生态环境紧密联系、受自身因素与外界扰动影响的复杂系统。对旅游社会—生态复杂系统的适应性循环机制［开发（exploitation，r）、保护（conservation，K）、释放（release，Ω）、更新（reorganization，α）］的认识有助于构建系统的适应性管制机制，以增强旅游场域中利益主体的学习能力、相互协作的能力及抵御外界扰动的适应能力，进而促进系统的动态资源管理、灾害预防与可持续发展（陈娅玲等，2011；王群等，2014）。

为建立科学有效的适应性管理机制，部分学者着眼于旅游地生命周期理论，从不同视角探究乡村旅游的可持续发展之路。赵影等（2016）运用旅游地生命周期理论，识别出乡村旅游发展不同阶段存在地方特色旅游资源探察滞后、人力与资本等组合不当、乡村旅游发展中物质与精神体验的不平衡等问题。张德平（2016）从提升乡村旅游适应性的视域出发，凝练出提高乡村项目的游客接受度和环境接受度的乡村旅游适应性管理策略，以延长江苏省乡村旅游目的地的生命周期，实现乡村旅游业的高质量与可持续发展。

旅游地的适应性管理是将自然环境系统与人类社会系统有机融合的动态管理方法，对适应性管理方法的科学应用一方面能够提高旅游地社会经济发展效益；另一方面能够加强对自然生态环境系统的保护，最终实现旅游地的可持续发展（于蓉，2016）。旅游地系统是一个复杂的、动态的、易受外界扰动影响的系统，适应性是对未来状态的一种响应和适应能力，适应性管理在旅游地研究领域的引入为旅游目的地的系统管理提供了一种有效应对系统自身结构复杂变化与外界扰动等多重影响的科学管理方法（张瑛等，2020），构建旅游地的适应性管理机制将有利于降低旅游地系统面临险境时的脆弱性，从而提升其应对突发性、不可预测性变化的适应性与恢复力，以对旅游地的经营与管理提供可资借鉴的指导意见。

第四节　研究述评

上述研究无疑极具启发意义，也是后续相关研究的基础。然而，随着我国经济、社会的发展，尤其是社会主要矛盾的转变，在国家乡村振兴与旅游业高质量发展战略背景下，在"强经济性"之外，我国乡村旅游被赋予了更加丰富的内涵与价值属性。我国广大乡村地域特别是林区乡村振兴的必要性与紧迫性已日益显现，后续还要加大对林区乡村旅游潜在负面影响的研究。在分别对乡村旅游经济效益（左冰等，2015）、生态效应（杨德进等，2016）、文化效益（明庆忠等，2016）、社会效应（陈佳等，2017）等展开研究的同时，还应重新反思、剖析乡村旅游与乡村振兴的深层内涵，构建二者之间的关系模式以及量化测度指标与偏离研判指数。在现有研究的基础上，对林区振兴的内涵、必要性与紧迫性的思考，对

IRT 与林区振兴关系的辨析，对以"林区振兴"为发展目标的 IRT 发展测量指标体系的构建，以及对基于林区振兴的 IRT 发展机制与策略进行动态调适，不仅进一步丰富了上述相关研究内容，还为林区乡村地域旅游业可持续发展与林区振兴提供了可借鉴的案例与实践。

研究将立足时代特征，在"乡村振兴（复兴）"概念与内涵的基础上，思考林区振兴的内涵及其核心表征因子，在理论上丰富乡村振兴的内涵。在深入剖析 IRT 与林区振兴内在契合性的基础上，构建林区振兴的 IRT 发展模型及其指标体系；从演化博弈的视角分析基于林区振兴的 IRT 方向偏离与发展问题的原因及其影响机理，从而丰富乡村旅游、乡村治理的理论体系。在微观层面上，林区振兴的 IRT 发展模式相关研究将有助于林区农民（职工）特别是贫困人口在社区旅游业发展中可持续获益，增强社区居民的认同感与共同体意识。在中观层面上，林区 IRT 的动态调适相关研究将有助于逐步改善林区所面临的各种社会问题，增强社区凝聚力，从根本上实现乡村的全面、健康、协调与可持续发展。在宏观层面上，将研究视角由一般乡村地域转向林区乡村地域，立足林区乡村地域本底，有助于提高我国林区乡村旅游的综合效应，增加游客与其他各类参与主体的获得感，为国家治理提供相关政策建议。

第二章 林区振兴背景下乡村旅游融合性提升的时代价值

第一节 乡村旅游融合性的科学认知框架

融合型乡村旅游的概念兼具多维性与多样性。结合表1.1可知，Stoffelen等西方学者从空间、人力资源、机构、创新、经济、社会、政策、时间、社区共九类视角对"融合性"（Integration）进行了详尽阐释。在乡村旅游融合性测度与评价的相关研究中（见表1.2），西方学者划分了网络（Network）、赋权（Empowerment）、规模（Scale）、内生性（Endogeneity）、嵌入性（Embeddedness）、互补性（Complementarity）与可持续性（Sustainability）七个关键维度以解析IRT的内涵。基于现有研究成果，本书提出适用于我国乡村旅游与乡村振兴背景下的乡村旅游融合性的概念：乡村旅游融合性是衡量旅游场域内多元主体良性互动，多种要素耦合协调，经济、文化、生态等方面相互促进，生产、生活、生态空间优化整合的程度性概念。

结合国内学者对IRT内涵相关维度（乡村旅游发展的内生性、嵌入性理论与乡村治理、乡村社区增权与发展等）的探讨，研究立足中国乡村旅游发展实际，建构乡村地域系统多功能提升目标下乡村旅游融合性科学认知框架（见图 2.1）。该理论框架根植于乡村地域本底，深刻总结了乡村旅游融合性在产业、要素、主体与空间四个方面的科学内涵。顺应乡村旅游高质量发展的时代浪潮，着眼乡村人地关系地域系统，提高乡村旅游融合性，有利于创造生态更加良好、生活更宜居和生产可持续的乡村环境，提升乡村居民个人福祉与社区福祉。

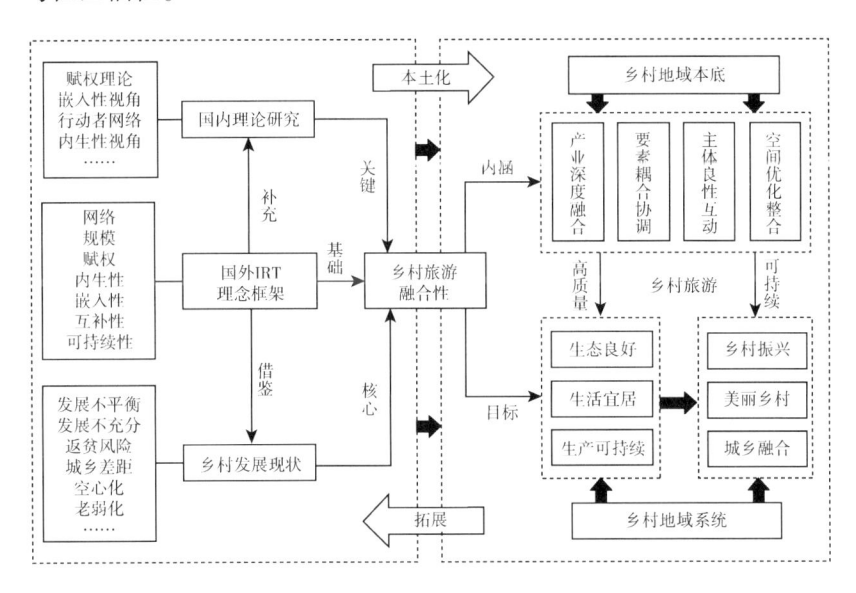

图 2.1　乡村旅游融合性科学认知框架

第二节　林区振兴与乡村旅游发展的内在契合性

一　本质要求的契合性：以人民为中心

习近平总书记指出，"人民是历史的创造者，是决定党和国家前途命运的根本力量"（习近平，2023）。历史表明，以人民为中心，坚持人民利益至上是中国共产党带领中国人民历经百年奋斗，实现民族独立、人民解放、国家富强的成功经验。而现代化背景下国有林区要实现乡村振兴，也必须依托人民，集聚人民的力量与智慧、共享林区振兴的成果，才能集聚起实现国有林区乡村振兴的强大合力。坚持以人民为中心就是不断实现人民对美好生活的向往，同时也是实现国有林区乡村振兴、共同富裕与人民幸福的本质要求，是激发国有林区乡村振兴内生发展动力的根本所在，满足国有林区人民对美好生活的向往也正是实现国有林区乡村旅游融合发展的最终目标。林区乡村旅游的建设是通过深挖国有林区林业生态资源的发展潜力、林区独特的环境资源优势和特色文化资源，让当地居民、旅游者、外来创业者等诸多主体与当地政府和企业一起成为乡村旅游的发展促进者和最终获益者，让人民群众成为国有林区乡村旅游发展的动力，促进林区经济社会的可持续发展。

（一）目标对象的一致性

实施林区振兴战略的根本目的在于更好地为林区的本地居民服务。实现林区振兴要求始终坚持将服务全体人民群众作为根本出发点及落脚点，把切实增进林区人民群众的福祉作为己任，在林区居民的医疗、教育与就业等日常生活上下苦功夫，将林区群众满意度与林业产业发展、林区社会治理、林农脱贫攻坚及公共服务紧密联系起来，以高水平、多元化的服务满足林区人民群众日益增长的美好生活需要。林区振兴始终要求坚持将巩固脱贫攻坚成果作为统揽林区乡村经济、社会可持续发展全局的重要抓手，在乡村振兴战略实施的过程中有机衔接林区人民群众的生活相对贫困等现实问题，实现目标相融、理念相融、规划相融、行动相融，林区振兴战略内在要求的具体表现之一就是不让一个群众在乡村振兴中掉队，不断提升林区人民群众的获得感、幸福感和安全感。

实现人民群众的幸福生活是林区乡村旅游可持续发展的根本目

的，也是进一步巩固全面建成小康社会的伟大目标。坚持林区乡村旅游发展为了人民，要求在林区旅游资源的开发与增值过程中牢固树立和深入贯彻创新、协调、绿色、开放、共享的可持续旅游新发展理念，把提高民生福祉作为推动新时代国有林区旅游发展的根本性目标，努力实现好、维护好、发展好人民群众的现实乡村旅游关切。具体来说，林区乡村旅游的可持续发展吸引国有林区依托自身优越的生态环境优势与林业文化优势，利用林区人民群众所创造的具有观光、游览与体验等功能的优质林业资源，加大力度开发有市场潜力的森林旅游、森林康养等项目，形成全天候乡村旅游服务生态的良好局面。

在国有林区这个独特地域上开拓大众休闲的新空间，开发乡村森林旅游季，推动乡村旅游、林下经济复兴乡村等政策的落地实施，最终目的是帮助国有林区的广大人民群众实现生活改善，让更多的林区老百姓吃上"乡村旅游饭"。可以说，林区发展乡村旅游在带动林区产品畅销，推动乡村地区基础设施建设不断改善，促进当地群众创业和就业发展，增强国有林区人民群众获得感和幸福感等方面起到重要作用，无论是当地居民、外来游客还是从事旅游业的工作人员，都是乡村旅游发展的核心服务主体。

（二）发展主体的一致性

林区振兴与乡村旅游的繁荣都需要依靠人民群众、发挥人民群众的主体作用与力量。习近平总书记在乡村振兴工作中指出，要发挥亿万农民的主体作用和首创精神。在国有林区的特殊情景下，广大人民群众同样是国有林区乡村振兴的根本力量，他们的积极性、主动性、创造性是林区振兴的内生动力。国有林区的振兴需要坚持以广大林区人民群众为核心主体，从人民群众中汲取林区振兴的本土发展智慧和力量。因此，新时代背景下的林区振兴工作要紧紧地依靠人民群众，通过激发人民群众丰富的创造力来提升国有林区农业农村的生产力，扶持培养一批熟悉国有林区情况、具有丰富林区发展工作经验的职业经理人、经纪人与乡村工匠等，借助林区乡村振兴的战略部署，使广大林区成为各类乡村能人与人才发挥才干、提升技能及实现抱负的广阔舞台。与此同时，林区振兴也要凝聚全社会的各类乡村振兴力量，调动林区普通村民、林场职工与外来企业等各方面主体的积极性，引导和推动各类人才参与林区振兴。

人民群众的主体性是乡村旅游业发展不可忽视的方面，依靠人民群众的智慧与力量推动新时代乡村旅游业的可持续发展。国有林区乡村旅游的融合发展要求坚持旅游发展依靠人民，需要尊重人民群众主体地位和首创精神，最大限度地调动人民群众参与乡村旅游发展的积极性、主动性和创造性，让人民群众成为促进国有林区乡村旅游和其他产业深度融合，实现可持续发展的根本力量和强大依靠。例如，国有林区乡村旅游在产业规模和配套服务中，需要人民群众的广泛参与，依靠当地群众提供旅游餐饮、旅游住宿、观光休闲、景区交通、景区零售等基础性旅游接待服务；在林区乡村旅游品牌塑造和宣传上，需要人民群众主动参与国有林区红色抗战文化、绿色森林文化与乡村旅游文化的融合，以林区"主人翁"的身份向旅游者传播林区的特色文化和人文风情，树立国有林区乡村旅游的文明形象。因此，国有林区乡村旅游发展必须坚持从人民群众中寻找不竭的力量和智慧，坚持发展依靠人民，才能确保乡村旅游在推动林区振兴过程中不断迸发出生命力。

（三）综合成果的共享性

林区振兴与乡村旅游的发展成果都将由人民群众共享，以提升人民群众的获得感、幸福感与安全感。实现林区振兴的根本目的之一是让林区人民群众共享改革发展成果。林区振兴的发展成果由人民群众共享是一个循序渐进的发展过程，其要求坚持全民共享、全面共享、共建共享、渐进共享，根据国有林区的经济社会阶段性发展情况逐步提升发展成果共享水平。在林区振兴的实际工作中，战略的推进既要改善林区乡村自然生态环境和居住、交通出行等公共服务条件，切实提高林区人民群众的生活水平；也要不断创新国有林区乡村社会治理体系，推进林区乡村社会治理体制机制的改革，以更加完善和创新的乡村治理体系，更加有力的乡村法治保障，更为明了的权责关系，为人民群众共享林区乡村振兴成果提供有力的制度保障，不断提升人民群众的获得感、幸福感和安全感。

发展成果由人民群众共享也全方面贯通于林区乡村旅游发展，因此旅游发展红利与成果共享既是乡村旅游发展的理念，也是乡村旅游发展的行动；既作为乡村旅游发展、社区居民增收的出发点，也作为乡村旅游社区可持续发展的落脚点。坚持乡村旅游发展成果由人民共享，就是要深化林区乡村旅游供给侧结构性改革，以居民为主体，突出林区乡村旅游共建共享制度性安排，使林区人民群众旅游的获得感、幸福感、安全感更有保障、更可持续。从外来游客角度来看，降低国有林区范围内的部分重点景区门票价格，不断改善乡村旅游公共服务体系等，都是满足游览、休闲和度假等森林旅游需求新变化，解决林区旅游业发展不平衡不充分，让人民群众共享更多旅游获得感的有效措施。而从当地居民角度来看，实现林区乡村旅游的全面繁荣，推动乡村旅游与林业生产、生态保护等多种功能显现、多样价值融合，实现生态、生产、生活和生命的有机结合，其目的也是让人民群众获得更多旅游幸福感，实现乡村旅游发展成果的人民共享。

二 时代价值的契合性：构建新型城乡关系

构建新型城乡关系，是乡村振兴战略的重要面向，也是实施林区振兴战略和城乡一体化发展的题中应有之义。中国乡村社会正在发生复杂而激烈的转型，国有林区情境下的乡村社会也面临工业化、城镇化、市场化、信息化、全球化的剧烈冲击，林区与非林区之间原有的城乡社会结构随之发生巨大变化，构建新型城乡关系的重要性、必要性与紧迫性在国有林区更为突出。林区振兴战略正是对林区城乡发展不平衡和乡村发展不充分现实的凸显，其核心是通过重塑新型城乡关系以构建国有林区城乡协同发展、高质量发展的体制机制与政策体系。新型城乡关系作为一种理想化的双边社会秩序，力图解决林区经济社会可持续发展进程中的二元结构性秩序，打造林区与周边城镇城乡融合发展的社会面貌。发展乡村旅游，本身即城市与乡村、工业与农业之间的双向互动。乡村旅游主要结合当地自然生态资源、生产生活资源及文化资源，进而开发具有乡村特色的旅游产品，乡村旅游的主体正是城市居民。所以，乡村旅游实质上是城乡、工农联动的产物，这种城乡与工农之间关系的互动加快和扩大了乡村旅游的客流、物流、资金流和信息流，是工业化发展阶段城乡居民互动所形成的一种新型城乡关系。

（一）林区振兴与乡村旅游都将有效推动工业与农业互动

农业维持社会稳定，工业推动社会进步，农业与工业的互相支撑与相互带动是促进城乡社会秩序和谐、社会结构稳定和社会健康发展的基础。中国长期以来的特殊国情及历史原因造成了工业与农业之间的二元对立、分割状态。传统的工农关系具有片面强调工业化进程的特点，侧重以"重视工业生产、忽视农业生产"为社会产业价值导向，试图通过农业来补贴工业，由此导致农业生产发展长期滞后于工业生产。而由于工业生产一般都集中在城市，农业多集中在乡村，所以这种不平衡状态也导致乡村的资源长期单向流向城市，城乡二元结构情况严重。因此，在国有林区实施林区振兴的本质是在城乡差距较大的背景下，实现城镇工业经济反哺乡村农业（林业）发展。林区振兴战略要求把农业、农村、农民问题作为振兴工作的重中之重，坚持农业农村优先发展地位，加快推进农业农村现代化。在长期的快速城镇化与工业化进程中，城镇工业发展已经到了"长成期"，城市完成原始积累已经到了规模稳定期，这也为林区振兴奠定了物质基础。换句话说，城镇工业已经具备反哺农业（林业）的能力，周边城镇有能力支持林区广大乡村地区的可持续发展。

林区乡村旅游的发展突出了对林区生态环境、文化资源禀赋的重视，生态文化资源转化为社会经济发展的动力，也正体现了新时代对林区乡村作用于城市发展规律的把握。结合我国乡村旅游消费观念转变的时代趋势，乡村旅游产业面临较大转型，因此以林区乡村旅游为基底，探索城镇工业产业链向林区乡村地区的延伸，将带动林区乡村旅游产业乃至区域经济发展升级。2016年，国务院办公厅发布的《关于推进农村一二三产业融合发展的指导意见》提出，要拓展农业多重功能，大力发展农业新业态。乡村旅游能够通过人口、要素与产业集聚构建林区的新型工农城乡关系，有效避免城镇工业对林区农业农村资源的抽夺，从而极大程度保障国有林区农业、农村、农民的利益，也可进一步推动农业和工业的有效结合与协调发展，缓解工业农业、城市乡村发展的严重失衡。一个产区就是一个景区，一个景区带动一个产业。乡村旅游可以通过不断延伸旅游产业链和更新旅游发展业态来实现乡村一二三产业的融合，推动林区农业从生产进一步拓展至产品加工和旅游服务领域，借助乡村旅游的融合优势实现产前、产中、产后三大部门的一体化经营。

（二）林区振兴与乡村旅游都将助力实现乡村与城市融合

除了工业与农业互动，城乡融合是林区振兴战略关于"重塑工农城乡关系"时代性任务的另一个重要方面。林区振兴要求通过农业农村现代化实现林区与城镇的融合发展，改变林区与非林区之间城乡要素流动不畅、城乡产业互动脱节、城乡资源分配不平衡等问题。林区振兴需要服务于城乡协调发展，城乡协调发展是新时代战略价值的体现。正如习近平总书记指出的，"四十年前，我们通过农村改革拉开了改革开放的大幕。四十年后的今天，我们应该通过振兴乡村，开启城乡融合发展和现代化建设新局面"（习近平，2022）。因此，构建城乡协调发展的体制机制是实施林区振兴战略部署的基础性条件；或者说，推动城乡协调发展可以为林区振兴创造良好的战略发展环境、提供发展路径和推进动能。

林区乡村旅游发展则是高效地汇聚了乡村社会经济发展、城市休闲消费，以及城市要素与资源的拓展等多元需求，促使资金、技术、信息和劳动力等要素在林区与周边城镇之间交互与流动，在推动林区环境本色优化、提升人民群众生活水平、联动林区与非林区文化等方面发挥着重要作用。林区乡村旅游的发展也是林区与毗邻城市的城乡互动关系深入和城乡社会要素交换日益紧密的结果，乡村旅游为林区乡村与周边城镇要素流动提供了机会、渠道和动力，为广大林区城乡融合提供了空间和场域。因此，乡村旅游不仅能促进林区乡村发展，更有助于林区乡村衰败问题的缓解和城乡关系的修复。在乡村旅游可持续发展思想的良性作用下，林区与周边城镇借助旅游主体和旅游产业链要素的双向流动，实现了林区乡村与城镇之间的有机融合。

（三）林区振兴与乡村旅游都将兼顾市民与农民的关系

林区发展仍然滞后，长期以来形成的城乡户籍制度、国有林区行政管辖体制机制等导致林区与非林区、林区核心区与外围区人民群众的基本公共服务和社会保障差异明显。因而要推动林区城乡工农关系协调发展、实现林区乡村振兴的内在要求就必须处理好林区本地群众、外出务工者和外来城市居民之间的关系。无论城市还是乡村，工业还是农业，都因满足人类生产生活的物质需要而存续、发展。城乡之间人口流动的频繁与高效是形成良好城乡关系、实现城乡融合发展的关键所在。同理，工农业之间的人口流动状况也决定着良好工农关系的形成及工农业协调耦合发展的持续。因此，处理好市民和农民的关系作为实现农业农村现代化的重要议题，既是实现林区振兴的重要因素，也是解决林区乡村衰退问题的重要措施。需要克服"城镇化"仅仅是在城市的误区，林区乡村也可以实现"城镇化"，这是新时代林区振兴的核心工作，两者应该是同频进行的。因此，兼顾好市民与农民的关系，尤其是保障好农民的权益，是构建新型工农城乡关系、解决林区乡村衰退问题、实现林区振兴的落脚点。

在乡土中国迈入城乡中国的时代背景下，城乡关系由二元分化状态进入双向互动的阶段，不管是因为生计方式的多样性，还是惬意、慢节奏的生活状态，国有林区的乡村旅游都吸引了大量外部人口迁入，推动林区地域新的居民群体的产生，同时吸引了户籍仍在本地或原本归属当地的"两栖"群体。由此，林区乡村旅游呈现出本地居民、旅游劳动力、旅游移民等多元主体共生的局面。在居民群体来源日益多元化的背景下，乡村旅游的可持续发展要求既要充分保护外来移民、城乡两栖等外来创业者的正当权益，又要完善林区农村农业基础设施和旅游公共服务体系；既让国有林区当地居民享受到市民均等化的公共服务，又要确保从事农业、林业、旅游业生产的劳动者获取合理的劳动收入，使林区成为创新创业者安居乐业的家园。

三 系统特征的契合性：综合性、长期性与差异性

乡村振兴战略总体目标、五个方面的总要求以及"5个振兴"的重点内容，涉及乡村地区政治建设、经济建设、文化建设、社会建设、生态文明建设等。在林区情境下，林区乡村衰退问题的重要

性和复杂性、林区乡村治理"三步走"的阶段目标及时间安排表明，实施林区乡村振兴战略是一项全面推动国有林区农业农村现代化的重要战略部署，是一个艰巨的系统工程和长期任务。林区振兴战略的实施具有鲜明的整体性、系统性与协同性，而乡村旅游同样是一个复杂的开放巨系统，是发生在乡村地域内的娱乐休闲、观光游览、康养度假及各类具有乡村特色生活体验的旅游活动。林区乡村旅游目的地是旅游功能与生产生活功能兼具的综合体，是一个融合多要素、多功能、多主体、多子系统的复杂系统。且乡村旅游的开发与发展高度依赖旅游吸引物打造、旅游体验创新、旅游项目管理与调控、旅游产业链供给、旅游要素支持、旅游市场需求和区位可进入性等诸多复杂的要素，从乡村旅游的可持续发展要求来说，也是一项涉及经济产业扶持、社会文化复兴、地域景观修缮、自然生态保护等的复杂系统工程，具有典型的、复杂的适应性特征。综合来看，乡村振兴与乡村旅游作为复杂的系统工程，具有综合性、长期性与差异性等共同的系统特征。

（一）林区振兴与乡村旅游系统的综合性

国有林区的振兴是多元目标的系统集成，不仅要实现场域内农业农村经济、社会的发展，还要实现乡村一二三产业之间，经济、生态与文化之间，生产、生活、生态与生命之间的融合，同时也包括国有林区城镇化、工业化发展目标与农业农村现代化发展目标的系统性融合。因此，林区振兴不仅包括发展现代化农业、整治生态环境、建设美丽乡村等内容，还是林区乡村经济、社会、文化、生态等多领域、全方位整体推进的系统性工程。林区振兴的行动主体不仅是林区场域内部的政府部门、林场和农民，同样也包括在与城市互动中流动的城镇资本、微小金融、林业企业、外来创业者、返乡创业人员、集体经济组织、产业合作组织等多元实践主体，林区振兴要求实现这些多元主体在利益关系上的有机整合。无论是涉及的重点领域还是多元主体，都完整且系统地揭示了林区振兴的内在逻辑，凸显了林区振兴系统性工程内部的高度协同性与高度关联性，需要整体部署、统筹谋划与协调推进。

乡村旅游同样关乎并依赖林区乡村经济与社会发展的方方面面，林区乡村旅游的发展也要依靠多产业的融合以奠定旅游开发的物质基础，依靠多来源的人才振兴以提供旅游发展的主体支撑，依靠多维度的文化自信激发旅游地社会进步的精神动力，依靠多方式的生态振兴创造良好的观光、游览与体验的旅游景观环境，依靠多着力点的组织振兴强化旅游可持续发展的制度性保障。乡村旅游多功能的全面性也体现在国家政策的前后衔接。预防脱贫后返贫对巩固全面建成小康社会的伟大成果具有重要意义，针对乡村旅游发展的扶持政策还应与巩固脱贫攻坚成果的相关政策有机衔接起来等。与林区振兴一致，乡村旅游开发也是一项系统性的社会工程，其中涉及利益相关主体间的协作与博弈，决定了林区乡村旅游的可持续发展不可能只是依靠某个单一主体完成。实现林区乡村旅游可持续发展不仅需要县政府、林场、基层党组织和村委会、乡村居民的通力协作，还需要引导和鼓励旅游者、企业组织、社会公益组织、外出务工人员或外来创业者等其他主体的共同参与。

（二）林区振兴与乡村旅游过程的长期性

从国家层面的乡村振兴战略实施过程来看，乡村振兴新理念、新思想、新战略具有鲜明的长期性和连续性特征。实施乡村振兴战略具有长期性、系统性、动态性，将贯穿社会主义现代化国家建设全过程。党的十九大提出了决胜全面建成小康社会、分两个阶段实现第二个百年奋斗目标的战略安排。2018年中央农村工作会议提出，实现乡村振兴目标，在战略上分三步走。到2020年，乡村振兴取得重要进展，制度框架和政策体系基本形成；到2035年，乡村振兴取得决定性进展，农业农村现代化基本实现；到2050年，乡村全面振兴，农业强、农村美、农民富全面实现。党的二十大再次提出，全面建设社会主义现代化国家，最繁重最艰巨的任务仍然在农村，要坚持农业农村优先发展，坚持城乡融合发展，全面推进乡村振兴。林区振兴也是具有长期目标、中期目标、近期目标等多层次、多步骤的长期性规划，实施林区振兴战略应始终秉持可持续发展理念，避免出现只注重短期效益而忽视长期发展的短视行为，需有步骤、按次序、灵活地推进林区乡村经济社会的全面振兴，以长远发展的目光推动林区振兴战略的实施。

乡村旅游一直都具有前期投资金额较大、投入回收周期较长、运营阶段收益速度较慢的特点，具有较明显的长周期性。因此，林区乡村旅游的规划、开发、建设与发展不可能一蹴而就，需要与林区振兴战略相互协同、量力而行，有重点、分时序地配合上位规划与部署稳步推进。无论是借助乡村自然与人文资源，提升相关农副产品附加值，为提高居民收入拓宽领域，还是以乡村旅游为契机，深化林区乡村供给侧结构性改革，巩固林区乡村的基础性地位等都决定着在国有林区发展乡村旅游必然是一个长期性的工作。要实现乡村旅游的高质量发展，就必须对乡村旅游建设项目与远景蓝图、旅游民生与社区可持续发展进行长远的科学规划。

（三）林区振兴与乡村旅游的内部差异性

国有林区范围广阔，林区与周边、山地与平地、代管村与非代管村之间均存在较大差异，林区乡村地域发展不均衡、因地形地貌等自然特征导致的发展基础差异较大的客观事实，决定了林区振兴没有统一的、万能的模板，需要根据不同地区的自然本底特征、交通区位条件、资源要素禀赋等，针对不同发展区域、不同地貌类型、不同村庄发展阶段的特点，科学部署符合当地发展实际的林区振兴战略规划，探索兼具林区整体特色和区域差异性的林区复兴之路。立足林区发展实际，以乡村发展为标准，可将林区乡村发展类型划分为相对贫困型、发展滞后型、小康型、富裕型四种。当前林区振兴应集中精力、物力与财力来重点发展水平处于中下游的乡村，将推动振兴的工作重心聚焦于林区核心地带的发展滞后地区，特别是相对贫困地区，注意分类施策。

乡村旅游的可持续发展也要求因地因时制宜、突出地方特色、避免"千村一面"。不少地区的乡村山水相连、生态环境异质性不明显，人文禀赋也较为相近，旅游目标客源市场也高度重合，在乡村旅游项目过程中可能陷入大同小异的重复建设困境。乡村旅游的可持续发展应把凸显当地乡村的特色作为发展关键，从旅游目的地规划上把乡村和城市、乡村和周边乡村的特色区别开来，凸显差异化的乡村风情与旅游特色。因此，林区乡村振兴更要突出地域特色，地域景观的营造、基础设施的设置、园林绿化的配置等能体现本地乡村的区域特色。总而言之，乡村旅游也具有内部差异性，需要从乡村发展实际出发，因地制宜，充分发挥地方已有的资源优势。

四　资源本底的契合性：自然、文化与精神资源

林区乡村社会的存在和维系以林区村庄为物质基础和空间载体，就物质形态和空间形态而言，林区乡村的发展基础在于其山林、河湖、耕地、民俗等自然与人文资源，而这些在地资源因地域、生态系统不同而各异，如何将这些资源合理配置、有效利用便成为林区振兴的基础。从国有林区乡村的形成、乡村社会的建构到乡村社会的运行等着眼来讨论国有林区可持续发展的根本，都离不开对资源本底的认知与利用。林区振兴的根本立足于林区文化之上，以林区乡村所在地资源为核心，对各乡村的资源进行有效组合，绝不是千篇一律、套用同一个现代化"发展公式"。而这些地

域景观、自然风光、森林水体等自然旅游资源与特色建筑、民风民俗、传统节庆等人文旅游资源都对旅游者具有较强的吸引力。这些林区的自然与人文资源被纳入旅游场域后，改变了原有的性质，兼具经济、社会、生态等综合效益与功能，成为林区乡村旅游开发与建设的资源基础。

（一）林区振兴与乡村旅游发展对自然资源的依赖

充分发挥自然资源环境优势发展林区特色生态经济是实现林区振兴的关键和根本。立足当地的资源禀赋和生态环境优势，建立与国有林区特殊情境相适应的林区特色生态经济体系是实现林区生态振兴的基础工作，更是实现林区产业振兴的重心所在，也是在国有林区深刻践行"绿水青山就是金山银山"理念的重要路径。依托林区的自然生态资源打造良好的景观空间，从而发挥"绿水青山就是金山银山"理念对林区振兴的指引作用，关键在于积极实现生态价值的多维度"转化"，即寻求将生态环境优势转化为经济优势的路径和方式，切实将静态的自然生态资源转化为社会经济价值产出，促进"绿水青山"与"金山银山"的良性转化与循环，实现国有林区居民富、生态美、林区强的辩证统一。林区振兴战略实施过程中，在以"绿水青山就是金山银山"理念为核心指导思想与价值遵循的前提下，也需牢牢把握资源"转化"这一关键环节，明确转什么、解决如何转等核心问题，从而推动林区乡村生态资源的价值实现，有效提升林区乡村产业发展水平。因此，生态环境基底的建设是实现林区乡村振兴的重要内容，建设环境优美新乡村，补强乡村生态环境建设的薄弱环节，事关广大林区乡村居民的获得感、幸福感、安全感，对推动林区社会经济可持续发展具有重要意义。

在乡村旅游发展中，林区的自然生态资源既是发展乡村旅游的关键吸引物，也是乡村旅游可持续发展的重要基础。乡村旅游与乡村自然生态环境的关系是既相互依存又相互制约。在林区的特殊情景下，发展乡村旅游，必须以林区生态环境和资源保护为前提，坚持生态效益、社会效益和经济效益三者的有机统一，正确处理好发展与保护的关系，着力提升并加强林区乡村旅游发展的生态环境正效应，有效化解和消除林区乡村旅游发展的生态环境负效应，确保乡村旅游生态环境和资源保护的正确响应。从上述角度来说，乡村旅游同样要充分认识绿水青山的价值，坚持乡村发展的绿色导向。在"绿水青山就是金山银山"理念的指导下，发展乡村旅游实际上是对该理念的最佳践行方式。

（二）林区振兴与乡村旅游发展均以人文资源为依托

国有林区当地居民在长期生产生活实践中积累而来的林区特有建筑、林区生活习惯、林业生产特色活动、林区独特饮食等都是潜在的文化资源，而这些文化资源正是聚合、表征林区乡村文化，有别于其他一般乡村地域文化的重要载体，恰是这些文化资源，形成了促使人们记住林区"乡愁"的审美空间，它们或以物态形式的遗址遗迹、具有地理空间特征（林中道路、林农生活空间等）的物质文化形式存在，或以乡土人情、民风民俗、礼俗秩序等非物质文化形式存在。林区富有特色的人文资源是林区乡村存续、发展的动力源泉，也是林区乡村社会秩序平稳运行的内在支撑。林区乡村的人文资源呈现了传统乡村社会人与自然和谐共生的生存方式，对其直接文化体验价值与间接经济价值的衡量与重塑在林区振兴中尤为重要。因此，林区的乡村振兴之路离不开基于地域特色文化资源开展的文化传承与复兴，林区振兴需要通过活化其特色文化资源来优化乡村社会结构、产业经济、价值观念，促进林区乡村社会全面发展。

文化是旅游的灵魂，旅游是文化的载体，没有人文资源依托的乡村旅游是缺乏生命力的。伴随着乡村旅游的深入发展与旅游需求的逐步多元，传统的山水观光已不能满足现代游客的多样性需求，现代乡村旅游对参与性、体验性、文化性有了更高的追求。国有林区从传统的生产与生活方式中演化出各类民风民俗及近代红色文化等较为深厚的林区乡村特色文化,这些文化底蕴为林区文旅融合发展提供了坚实的基础。伐木文化、红色文化等林区特有的文化体验可以为游客提供了解林区特色旅游功能的途径,而游客也能在异域文化的体验中产生新的感受与认知,在此过程中能够潜移默化地提升游客的满意度。且林区乡村地区的传统节日、民俗活动具有一定的普遍性和传承性,往往成为民众日常习惯、生活审美、社会伦理与生产习俗的集中展示。通过这些传统节日和民俗活动,能让游客体验到超越物质层面带来的直观感受的文化价值,并将其快速转化为经济价值。

(三) 林区振兴与乡村旅游发展对地域精神的共同需求

挖掘林区传统的精神资源对林区振兴具有引领和导向作用。虽然国有林区经济社会形势和谐稳定,乡村面貌与秩序良好,但仍存在价值观念、思维方式、伦理教育等方面的问题。只有以传统精神资源铸魂,培育文明乡风,让农村环境美起来,村民生活富起来、精神足起来,才能真正实现林区振兴。因此,林区振兴不仅要保证农民经济上的富裕,更要实现农民精神上的富有。林区在抗日战争时期和国有林场工人艰苦奋斗时期所涌现的传统精神在林区振兴的实现中仍然具有价值导向、行为规范、精神凝聚、信心激励等显著的时代价值。林区特有的精神资源本底有利于激活国有林区乡村的精神活力,强化村民守望相助的集体意识,由此凝聚国有林区的地方共识,提升林区乡村社会的凝聚力。

乡村旅游的可持续发展也离不开地域精神的引导。注重对林区地域精神的保护,在现实运用和实践中,对本地居民来说相当于"习惯法"的地域精神的潜在作用远比林区各级政府基于行政权威所制定的硬性正式法规更加有效。地域精神的作用在于形成乡村旅游场域中的共同文化和价值取向,在凝聚地方共识的基础上,将林区乡村社会形塑为一个地域共同体，凝结"属我族类，其心必同"的精神共识，塑造乡村社会的集体归属感和身份认同感。地域精神资源的挖掘，也能够在发挥正式法律制度对乡村治理作用的同时，辅以传统村规民约及精神训诫的柔性治理，为乡村旅游提供非正式的礼俗约束。无论是林区振兴还是乡村旅游发展，乡村治理均是其重要维度。乡村治理若能借助林区独特的地域精神资源，创造性转化、渗入现代民主、法治因素，使之与社会治理现代化要求相结合，实现柔性的"俗"与刚性的"法"的融通，则能达到事半功倍的效果，节约林区乡村治理的成本。

五 目标体系的契合性：五大总体要求

中共中央国务院印发的《乡村振兴战略规划（2018—2022年)》明确提出，乡村振兴要初步形成农村产业融合发展的新格局，加快乡村产业发展，进一步提高农民收入水平，进一步巩固脱贫攻坚成果；持续改善农村基础设施条件，基本建立城乡统一的保障体系；显著改善农村人居环境，扎实推进美丽乡村建设；初步建立城乡融合发展的体制机制，进一步提升农村基本公共服务水平；传承和发展乡村优秀传统文化，基本满足农民的精神文化生活需求。林区振兴的本质是要实现林区农业农村的现代化，是国家农业农村现代化的重要组成部分，也是中国现代化建设的重要方面。乡村旅游对林区乡村经济、社会、文化、生态等具有显著的正向效应，可以较好地促进林区的产业融合、生态改善、有效治理、乡风文明，实现社区的共同富裕，林区振兴与乡村旅游两者之间有较高的目标契合性（见图2.2）。

（一）产业兴旺需林区振兴与乡村旅游的共同驱动

实现林区经济社会繁荣的结构驱动力是产业发展，林区振兴的

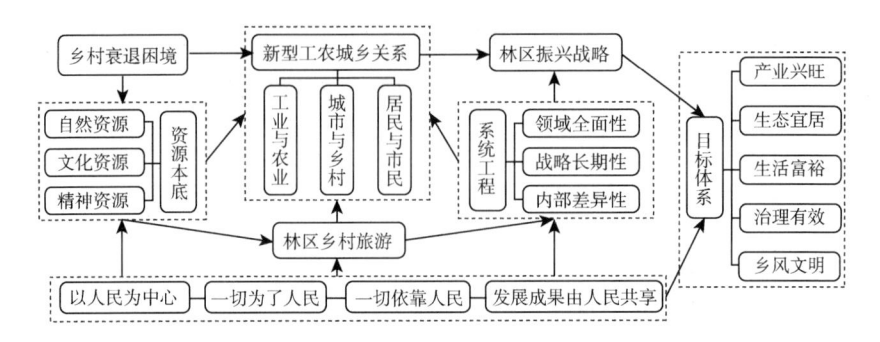

图 2.2　林区振兴与乡村旅游的内在契合性

强大生命力来源于产业兴旺。产业兴旺要求林区产业之间相互联结、协同发展。但从20世纪五六十年代林场建立以来，林区产业结构主要为农业种植、林业种植和木材加工，产品种类较为单一，深加工也很少，林业资源的价值尚未充分挖掘。上述问题的存在极大地制约了林区产业价值链规模效应和品牌效应的发挥。随着城乡居民生活水平的提高和绿色发展理念的普及，市场需求偏好的日益多元和资源环境保护的日益重视使"绿色强林"和"品牌兴林"成为林区乡村产业发展的必然选择。从2019年发布的《国务院关于促进乡村产业振兴的指导意见》可以看出，优化产业结构、促进产业融合是解决乡村系列问题的前提，促进林区产业的深度融合，提高林区产品供应的层次，增强林区产业可持续发展的能力是林区乡村产业发展的方向。

乡村旅游的综合性及其对其他产业的带动，林区地域的独特本底与丰富的自然、人文旅游资源，决定了乡村旅游在林区产业振兴中的重要作用。林区旅游业的开发，正在逐步改变林区基础设施、产业结构落后的现状。新时代背景下，林区乡村旅游的蓬勃发展不断地吸引农民就地就业创业和外出务工人员回乡创业，成立林业旅游产品公司、林区土特产产销公司和林业旅游物流公司，通过发挥乡村旅游对林区其他产业的综合带动与融合功能，可以推动林区产业链条的延伸,从而优化林区地域的产业结构,提高经济、生态、文化效应。林区乡村旅游发展过程中的本地与外来合作式竞争,也可以促进林区产业、产品创新。旅游产业与林业、中药材业等其他业态的融合催生出新时代林区的新型支柱产业,以此促进地域多产业协同发展,为林区可持续发展带来新的经济增长点,实现产业兴旺的目标。

(二) 生态宜居是林区振兴和乡村旅游的共同要求

中央农村工作会议重点提出,落实高质量发展要求,抓好农村人居环境整治,加快补齐农村基础设施和公共服务短板,进一步深化实施乡村振兴战略,是对标全面建成小康社会必须完成的硬性指标。建设生态宜居的美丽乡村也是实施林区振兴战略的重要任务,是实现林区乡村绿色可持续发展的基本部署。回顾林区的发展历程,改革开放以来,我国国有林区依托丰富的林业资源,实现了长期且高速的经济社会发展,但同时也陷入了林业资源过度消耗、自然生态环境污染严重、生态保护意识不足的发展困境。

以生态宜居的林区振兴战略目标为引领,推进林区乡村自然生态环境建设与绿色发展理念下的经济发展,发挥国有林区生态环境的重要涵养功能,不仅是实施林区振兴的内在需要,也是新时代林区转变经济发展方式和高质量发展的必然要求。从国有林区与周边城镇的城乡融合视角来看,实现城乡经济社会高度融合发展、构建新型工农城乡关系的基础性工程对建设林区乡村的生态宜居是重中之重,有利于促进林区与非林区产业经济发展的高效融合。因此,林区振兴战略要求以山水林田湖草沙这一生命共同体理念为指导,统筹国有林区的自然生态环境与人居环境系统治理,让生态宜居成为乡村振兴支撑点,引领美丽宜居乡村建设。

乡村旅游的可持续发展视域不仅要求改善乡村环境,建设基础设施,完善道路交通、村容村貌改造,更是对乡村生态环境提出进一步指示。乡村旅游的景观空间营造要求以乡村污水、垃圾治理和村容村貌提升为主要工作开展林区旅游景观环境整治行动，通过全面提升林区旅游游览、观光、接待的环境质量，营造富有林区乡村地域特色、承载林区山林乡愁、体现现代林业文明的生态宜居乡村环境。乡村旅游的绿色产业发展理念也要求不断推进旅游业与林业、药材业的绿色产业发展模式，以亲生态环境友好型和资源可持续性利用为核心，实现前期低投入、产业清洁化、废弃物资源化、模式生态化的要求，通过进一步增强生态产品供给能力实现旅游环境的绿色生态宜居要求。

（三）生活富裕是林区振兴和乡村旅游的共同愿景

在全面推进乡村振兴的新时代，如何提高林区人民群众的收入水平、增进林区居民的获得感、幸福感与安全感，已成为当前刻不容缓的艰巨任务。生活富裕是林区振兴的时代性任务，实现生活富裕，不是纸上谈兵，更不仅是空洞的口号。让林区人民群众拥有持续且稳定的生活收入来源，能够基本实现衣食无忧、经济宽裕、生活便利，这种共同富裕的目标是林区可持续发展的核心要义，也是实现林区振兴的举纲持领。林区高质量发展迫在眉睫的任务是"以人为本"，而生活富裕就是最直接的表现。在继续巩固脱贫攻坚成果的基础上，大力扶持乡村经济的高质量发展，使林区居民实现丰衣足食的富裕之后，才有休闲娱乐的时间，而按照"劳动供给曲线背弯"的经济学常识，林区人民群众利用此类空隙时间便可有更多的精力去协助乡村治理，形成乡村高质量发展的良性循环，让林区人民群众能够共享高质量发展红利，成为乡村振兴的真正受益者。

林区人民群众既是乡村旅游发展的主体，也是乡村旅游可持续的受益者，必须通过实现生活富裕的目标把林区人民群众的主观能动性、创造性调动起来，既而才能实现乡村旅游的全面发展及国有林区的全面振兴。从物质与精神视角来说，乡村旅游可以助力实现林区人民群众的物质生活富裕与精神生活富裕。乡村旅游可在居民收入提高与衣食住行改善的基础上，进一步实现老有所依、老有所乐、老有所养的和谐局面。从生活的多维度视角来说，乡村旅游可以通过保障物质生活增加农民收入、通过完善旅游基础设施改善居民生活条件、通过提升服务供给实现旅游地城乡基本公共服务均等化。乡村旅游发展中的多措并举能有效实现国有林区多元主体的生活富裕目标，使林区居民在实现共同富裕道路上取得更为显著的进步。

（四）治理有效是林区振兴和乡村旅游发展的共同难点

治理有效是林区农业农村现代化的根基，更是林区振兴之本源。中央农村工作会议将"加强和改进乡村治理"作为重要部署，明确指出创新乡村治理方式，提高乡村善治水平。要实现林区振兴必须在产业兴旺、生态宜居、乡风文明、治理有效、生活富裕的高度融合中寻找制度匹配之道。"治理有效"在上述多元目标之中起着不可或缺的作用。加快推进林区乡村治理体系和治理能力现代化是实现林区振兴的必由之路。实现国有林区行之有效的乡村治理不仅关系到林区经济社会的可持续发展，更关乎党在林区乡村的执政基础，影响着国有林区社会秩序的稳定。乡村治理的中枢是"人"，其背后必然涉及与人相关的组织结构、资产管理等一系列问题。虽然近几年国家既对集体林权制度进行了改革，又明确了林业生产要素的流动方向，以森林法为龙头的林业法制体系得到了有效完善，但基于原有乡村治理体系的某些陈旧内容，已难以适应社会的高速变化，需要从社会高效治理角度进行大刀阔斧的制度改革。乡村的有效治理从来不是一个新话题，但是，在新时代特别是全面实施乡村振兴战略的背景下，此目标对实现国有林区乡村的有效治理意义深远。

乡村旅游的可持续发展需要一个治理有效的社会环境支撑，而乡村旅游的良性运作也可以正向促进林区社会治理有效目标的实现。林区广大人民群众是林区社会发展和经济进步的重要组成力量，在乡村旅游的发展过程中必须基于需求，多方面考虑当地政府、外来企业、旅游者和外来创业者的利益，提升旅游场域下的乡村治理发展水平。乡村旅游要求积极从旅游供给与需求层面转变为旅游社会结构问题，满足多元主体对空间正义的诉求，将乡村旅游的治理和发展成果普及每个个体。因此，林区乡村旅游的可持续发展必须通过全面、有效的乡村治理来提供良好的旅游发展环境，为乡村旅游驱动林区振兴创造良好条件。事实上，有效的乡村治理也能为乡村振兴培养积极的参与主体，在林区基层政府的引领下，广大林区居民积极参与乡村旅游的开发与建设，并逐渐意识到实现林区振兴是与自身利益相关的行动，从而更好地发挥主观能动性。卓有成效的乡村治理不仅可以大力提高林区良好道德风范，而且有助于预防乡村旅游中的社会风险，化解多元主体间的利益矛盾纠纷。

（五）乡风文明是林区振兴与乡村旅游发展的共同灵魂

乡风文明既是林区振兴战略的重要内容，更是加强林区地域精神文化建设的重要举措。林区所在的山区地域在抗日战争时期留存的红色精神文化、长期的林业生产实践中塑造的艰苦精神文化是国有林区发展的历史沉淀，也是林区地域内人与物两大载体的内涵体现，更是林区振兴战略的精神所在。在后脱贫时代，乡风文明建设的重要性更上一层楼，林区的乡风文明建设不仅把林区思想道德建设、公共文化建设及改俗迁风等作为其工作的主要内容，更为关键的是要"消除林区精神贫困"。究其原因，林区的乡风文明建设作为一种精神内核内嵌于乡村相对贫困治理、乡村振兴战略新时代实践场域，林区相对贫困与乡风文明建设因此存在强关联。在实施林区振兴战略的过程中，乡风文明建设能够通过引导传统低效的林业向生态、低碳、绿色的发展方向转变，能够通过城市居民的消费需求，为林区乡村的特色优势产业融合性发展增添"绿色"的原动力。同时，因为实现林区农民生活富裕要抓重点、补足林区乡风文明建设的短处，实现乡风文明目标在推动林区振兴中也具有正向促进的社会价值，从而不断提高农村民生保障水平，塑造美丽乡村新面貌。

乡村旅游的高质量发展也离不开乡风文明建设。国有林区拥有丰富的红色革命文化是相对贫困治理视角下乡村旅游产业发展的历史文化特色，乡风文明建设也是通过传承林区红色革命精神，在旅游景观的设计和社会治理中充分利用林区乡村的历史文化与精神价值，为林区乡村旅游产业发展提供"红色"原动力。此外，乡风文明建设能化解乡村旅游发展中可能遇到的封建保守风俗及少数资产阶级腐朽思想，通过弘扬林区林业生产的艰苦奋斗精神，开拓进取精神、邻里和谐精神及共同富裕精神等共同冲破林区社会治理中的思想桎梏。乡风文明建设既能丰富林区居民休闲娱乐，又能深化乡村旅游独特文化本底；既传承传播林区独特地域文化，又吸引游客亲身体验林区乡村浓厚的风土人情，能有效改善林区社会风气，促进乡村旅游的可持续发展。

第三节　林区乡村旅游融合性提升的必要性

一　林区乡村旅游融合性提升的战略必要性

（一）提升乡村旅游融合性是对全球产业融合发展趋势的顺应

随着全球化与信息化的快速发展，多元产业、科学知识、信息技术等生产要素的不断创新，新兴生产要素的不断涌现，使全球化背景下的产业融合形态日益呈现多元化的特征。

国内产业融合趋向创新型发展。当前我国的产业发展正处于快速工业化与信息化重叠的关键时期，多门类的产业发展已然表现为服务业与制造业相融合、虚拟经济与实体经济相融合、互联网技术与传统制造业相融合、生产者与消费者相融合的新趋势。且国内产业融合也开始向纵深发展，随着产业融合广度扩大，产业间的融合深度也得到了进一步延伸，纵向与横向的多维度融合发展趋势构成林区乡村旅游发展的全球化经济背景。

由于不同产业之间相互影响、渗透、交叉使原本封闭的产业构成要素相互整合与重组，这也将对林区乡村旅游原有的产业模式提出创新要求。从旅游新技术的视角来看，旅游新技术带动乡村旅游融合性提升是乡村社会生产力进步及产业结构高度化的必然结果。旅游新技术不仅有效改造了传统林区的乡村旅游产业，也推动农业农村与乡村旅游相关联产业间的深度合作，从而形成乡村产旅深度融合的新业态。从金融发展的视角来看，随着金融全球化步伐的加快，以及政府金融管制放松与监管法规的变化，我国已经呈现混业经营的态势。因此，依托旅游金融业推动乡村旅游业融合性提升，对发展农业农村内生经济力量与社会化大生产、深化林区旅游金融体制改革将起到很大的促进作用。

产业融合俨然成为现代产业发展的一个新型特征。因此，林区乡村旅游的发展必须根据国家战略与政策导向调整旅游产业布局和方向，依照党的十九届五中全会和国家"十四五"规划，积极探索"双循环"产业融合发展路径。从"双循环"产业融合路径来看，林区乡村旅游要积极寻找发展机遇，在"双循环"中实施产业融合，大胆直面新挑战与捕捉新机遇，利用"双循环"新发展格局构建的历史机遇探索融合性提升的路径。进入21世纪，全球经济正发生着深刻变化，产业融合作为全球经济发展的一种新趋势、新形态，不断推动着全球、国内产业结构的高度融合化、合理化，并构建出新的融合型产业体系。

融合性的提升是产业发展到高级阶段的必经之路，也是地域生产力进步和社会产业结构进步的趋势。林区乡村旅游的融合发展可以推动林区多元产业之间形成同层级的市场和技术基础,进而推动林区多种产业由低级向高级阶段的提升,最终推动区域间各类资源要素的合理重组与流动。因此,加快提升林区乡村旅游业融合性是顺应全球经济发展背景下产业融合大趋势的客观要求,也是塑造林区旅游产业竞争力的推动力量与实现区域经济一体化的必由之路。

(二)提升林区乡村旅游融合性是对乡村振兴战略的积极响应

我国长期以来的乡村供给城市发展政策带有明显的城市化中心主义色彩,乡村发展和农业增值的价值在于被动地满足城市与工业快速发展需要。乡村振兴战略代表我国城乡发展政策开始战略性地支撑乡村发展。在林场改革与生态保护红线被强调的特殊背景下,发展乡村旅游在解决林区长久以来的乡村衰退现象上成效显著。长期以来,国有林区土地、资金技术与劳动力三大基本要素的资源约束是导致林区乡村衰退问题出现的主要因素,并具体表现为土地资源相对有限与耕地资源质量不断恶化并存、农业粗放型低水平劳动力过剩与农业农村高素质劳动力短缺并存、乡村生产技术和发展资本供给不足和投入成本增加并存等矛盾。提升乡村旅游融合性能够在资源配置和政策扶持方面优先考虑林区农业农村发展,融合性的提升也能使林区的农业多功能性得到增强,将林区区域性的就业机会和多种产业融合发展的经济收益最大化留存给林区当地居民,以乡村融合性的提升来推动林区农业农村的发展。换言之,林区乡村旅游融合性的发展程度也承载着促进国有林区乡村社会经济充分发展的新时代使命感,是化解新时代国有林区乡村社会主要矛盾的灵魂所在,乡村旅游融合性的进一步提升也对林区多元产业的全面发展及林区乡村面貌的改善大有裨益。

乡村振兴视角下的乡村旅游融合性提升过程是城乡之间多种资源要素双向流动的过程。党的十九大报告提出"城乡融合"发展的新理念，是对新时代我国城乡关系的新定位。党的二十大报告再次强调，坚持城乡融合发展，畅通城乡要素流动。城乡统筹政策框架的城乡关系只是一个初步的战略布局，后续的城乡一体化则是城乡统筹关系的升华，而党的十九大报告提出的"城乡融合发展"表明，高层次的城乡关系应该是城乡平等交流与融合性发展，乡村旅游融合性的提升是国有林区城乡关系递进发展的产物。因此，从此视角来看，乡村旅游融合性的提升极大地承载着推进国有林区城乡地理空间融合、生活方式融合、生产要素融合等多重维度与深层次融合的时代使命。借助乡村旅游融合性的提升并以此实现林区乡村振兴战略目标，是一条具有中国特色、林区特色的乡村振兴道路，该路径可为其他国家相似地域应对乡村衰退问题提供经验借鉴。

（三）提升乡村旅游融合性对推动农业农村现代化具有显著效应

当前我国经济从高速增长转向中高速增长，经济发展进入新常态，国有林区农业农村发展的环境条件及内源动因也发生了深刻变化。在自然生态环境日益恶化、农业生产成本迅速上升、资源约束不断加强的背景下，国有林区依靠过度消耗资源的粗放式林业发展道路难以为继，必须加快转变农业农村的发展方式。提升林区乡村旅游的融合性，实现国有林区一二三产业高度融合下的协调发展，延伸传统林区林业生产链，提高传统林区的农业生产竞争力，促进国有林区农业农村的集约化可持续发展，既是主动适应国内经济新常态的现实要求，也是推进国有林区农业农村现代化的积极选择，具体体现在：

首先，推进农业现代化生产方式的转型升级可以通过提升林区乡村旅游融合性来实现。通过乡村旅游业驱动下的三产融合，加快实现设施林业、高端林业、资源节约型林业的发展，有利于改善单一的林区产业结构及受限的农业发展空间，推进调整国有林区农业农村生产的内部结构；融合性的提升也能使旅游业更好地支撑、引领和带动林区转变农业发展方式,有利于减少林区发展生产对林业自然资源的严重依赖,以旅游业为引擎带动林区经济社会可持续发展能力的提升。

其次,激活国有林区乡村产业的新业态,打造林区新的经济增长点得益于林区乡村旅游的融合性的提升。林区乡村领域融合性的提升可以使传统林业、旅游业等产业实现互利共生,引导林业与旅游科普、森林康养、旅游地产、文化产业、山体运动等产业的跨界融合。由此,不断催生新兴林业业态,如智慧林业、休闲林业、创意林业等,以此更好地满足城乡居民日益多样化的消费需求,同时新的社会需求及国民经济增长点被创造出来,从而促进国有林区社会经济发展方式由传统的"林业生产导向型"向未来的"旅游消费导向型"转变。

最后,提升林区乡村旅游的融合性也有利于林区人民群众实现经济增收,分享乡村旅游融合发展的红利。林区旅游业的融合性提升可以将与林业、旅游业等产业链相关的第二、第三产业增值收益尽可能地留在农村、留给农民,有助于扩大林区乡村的产业规模,增加就业岗位数量及就业增收渠道。融合型乡村产业发展也可以激发林区的闲置土地资源、住宅资源和旅游金融市场的活力,以此增加农民财产性收入。除当地居民外,林区原有的外出务工人员返乡积极性受到乡村旅游融合性提升的极大鼓舞,返乡人员共同参与国有林区乡村建设,以此改善林区乡村的人口结构并解决一系列社会问题,促进林区乡村社会长治久安、兴旺发达。

二 林区乡村旅游融合性提升的现实必要性

(一)落后的基础与配套设施阻碍了林区旅游业的发展

国有林区发展乡村旅游所依赖的林业资源条件,具有自然生态环境优良的显著特点,由此也奠定了林区乡村旅游业态区别于其他地域旅游的特有生态优势，但也正是由于这种生态基础对林区乡村旅游开发过程中的基础设施建设产生一定程度的制约。一般来说，国有林区的林业资源多富集于偏僻的林区、山区的核心地带与生态脆弱区，其交通、电信等旅游基础设施建设较为滞后，对林区旅游景点的可进入性和交通通达性造成极大的影响。国有林区乡村旅游景点的电路、通信、餐饮、住宿、水资源供给等旅游配套基础设施和医疗、娱乐、政务等公共服务体系建设的滞后，则极大地削弱了林区乡村旅游发展的服务接待能力，从而导致旅游者在国有林区体验生态旅游过程中逗留时间相对短，逗留时间短引起的人均消费水平偏低也间接限制了林区乡村旅游的经济增长。

以大别山国有林区为例，天堂寨、薄刀峰等景区几乎未通高铁，其他地区乡村生态旅游可进入性水平也极低。虽然建设了大量的农家乐、小规模旅馆等旅游接待场所，但国有林区的旅游基础设施水平仍然比其他地域的旅游接待设施发展水平滞后，从评价来看，旅游者的反馈较差。在交通方面，许多景区道路狭窄，在旅游高峰期交通堵塞现象时有发生。景区不允许除景区公交之外的其他车辆进入，旅游高峰期景区内公交车难以满足数量庞大的游客的旅游需求，导致游客在游览时花费大量时间等待公交车，这也使游客对林区乡村旅游的整体满意度和好感度大大降低。粗糙的基础设施建设质量也极大地影响了游客的旅游体验。可以说，旅游基础服务设施的数量、质量远远落后于林业管理的质量水平和林区乡村旅游市场的发展需要，这严重制约了国有林区乡村旅游业的发展，这种现代旅游业所要求的综合性配套基础设施建设不够完善，已然成为林区乡村旅游可持续发展的"瓶颈"。

（二）资源的不合理利用增加了林区旅游业可持续发展的风险

国有林区的乡村旅游发展过程中存在以下双重问题。一是林业资源的过度开发，首先，国有林区很多生态红线以内的范围被无序开发利用，重点生态区始终处于超负荷接待旅游者参观游览的状态，导致国有林区乡村旅游发展范围内的林业生态环境容量长期面临超载的情况。其次，外来企业、当地政府和居民为了短期经济效益，希望能够持续扩大游客接待量，全然不顾林区自然生态环境的绿色健康发展，大规模地在生态保护重点区修建旅游交通道路和农家乐等旅游接待设施，使国有林区的林业资源被过度开发利用，林区丰富的自然生态资源遭受严重破坏。另外，由于游客接待量远远超过林区乡村旅游生态环境容量实际的承载负荷，过度的人类活动深入林区的核心区域，导致国有林区丰富的野生动物资源遭受极大的破坏，林区野生动物原有的栖息和活动范围在旅游活动的日益频繁和活动范围日益扩大的影响下逐步缩小，林区野生动物的数量持续锐减。

二是旅游资源开发的不充分。国有林区拥有极为丰富的森林康养旅游资源，基层政府也十分重视国有林区乡村旅游业的发展，主导引进了部分外来旅游集团的投资，但这些外来资金更多地被用于国有林区自然生态景观的开发，缺乏整体规划，忽视了林区其他丰富的文化资源。例如，大别山国有林区并没有充分利用好大别山区浓厚的历史文化资源和红色文化旅游资源。目前，大别山国有林区多是仅依靠林区的自然生态环境资源来推动产业的发展，容易使旅游者在旅游体验中产生审美疲劳。这种人文旅游资源开发的不完善造成国有林区旅游资源利用的不充分，在一定程度上也造成了国有林区资源开发保护机制的缺乏和资源的浪费。

（三）旅游产品低层次与同质化问题使得林区旅游业发展前景堪忧

尽管近年来国有林区乡村旅游产业发展保持了较为高速的增长势头，但整体来说发展水平还比较低，特别是在产品开发方面仍属于较低层次。林区乡村旅游受制于开发与经营主体的建设规模、资金储备及市场竞争意识等主客观条件，林区乡村旅游在旅游产品类型和游览服务项目体验中问题突出，主要表现在形式单一且缺乏特色的林区旅游项目无法满足游客的旅游体验性与参与性。目前，国有林区以观光游览为主的传统乡村游产品无法与现代旅游需求有机结合起来，不能持久地吸引旅游者来此进行旅游活动且越来越难以满足广大旅游消费者不断提升的高层次旅游消费需求。

相对于发达国家，森林康养已经被作为开发林区旅游的主要路径，目前国内林区乡村旅游仍然停滞在观光旅游及产品研发的初级阶段，各旅游经营者缺乏规划设计林区乡村旅游产品体系的能力，仅仅是侧重把自然生态资源优势转换成观光型的旅游产品优势，尚未结合乡村振兴战略从产业融合的角度去探索林区乡村旅游产品以满足旅游消费者日益求异、求新、求奇等个性化需求的途径。因而目前国有林区的乡村旅游普遍呈现出旅游产品品质和产业附加值较低、难以适应日益发展的高端市场需求的趋势。

由于国有林区之间林业旅游资源类型具有趋同性，如森林、湿地、湖泊等林业生态景观较为普遍，各乡村旅游开发与建设主体在项目立项过程中缺乏协同与沟通，相互模仿而不考虑自身差异与特色，国有林区旅游产品同质化严重，乡村旅游景区内部的功能布局与线路安排雷同，区域市场内部竞争日益激烈。此外，受到地理位置及交通设施等因素的制约，国有林区在开发乡村旅游的过程中难以与周边其他的目的地进行跨区域、跨城乡的合作与联动，这也使林区旅游产品的市场竞争力受到更大程度的削弱。伴随着中国生态文明建设、乡村振兴战略中人居环境整治行动持续推进、"绿水青山就是金山银山"发展理念更加深入人心，乡村旅游项目依托林区独特的资源本底，必然成为国有林区实现乡村振兴的有力抓手。但是，如果林区乡村旅游项目开发和建设始终停滞在较低水平、不改变重复建设的状态，那么将不仅造成林区宝贵的林业生态资源的极大浪费，而且会带来严重的同质化及竞争问题，这必然在一定程度上影响发展森林旅游的水平和质量。

（四）经营管理的滞后导致林区乡村旅游融资困难

首先，国有林区长期以来的"政企合一"管理模式导致林区乡村旅游开发和经营中的管理人员观念相对落后，旅游行业的服务意识较弱，旅游产业的管理水平比较低。而林场自上而下的政府主导型管理方式也很难发现乡村旅游管理中的错位和缺位，致使管理效率低下。

其次，国有林区乡村旅游发展也缺乏专业科学的管理制度。林区乡村旅游和其他地域的一般性乡村旅游相比，特殊性在于旅游者、旅游管理者和林业生态环境系统的互动，而国有林区的乡村旅游管理多遵循一般性的乡村管理制度，但普通的乡村旅游管理办法中并不会涉及林业生态环境与资源利用等专业性的内容，因此管理办法专业性与特殊性的缺失也促使部分国有林区旅游从业者投机取巧，采取肆意破坏林业自然环境和资源的方式掠夺经济利益，同时对到林区旅游的游客也缺乏相应的制度进行管理约束。

最后，国有林区管理经营体制僵化，受此影响，乡村旅游市场运行表现出缺乏活力及旅游市场竞争力低的特点。在社会经济高速发展、大众旅游时代到来的大背景下，国有林区乡村旅游大部分处于盈利困难甚至亏损的状态，国有林区自身丰富的林业生态资源和文化资源无法发挥其应有的经济效能。许多林区试图加入乡村旅游发展的时代大潮，但由于缺乏旅游市场需求洞察力和乡村旅游行业竞争力，始终处于不温不火的尴尬境地。

以大别山区为例，旅游企业与资本市场融合不足一直是国有林区乡村旅游经济发展的一大短板。从历史发展来看，许多林业企业普遍认识不到资本市场介入旅游业经营的突出优势，导致林区乡村旅游业的发展和资本市场融入不够，对于乡村旅游的资本市场的走向与行情缺乏实际操作经验。目前，大部分国有林区的乡村旅游企业对旅游公司债权和资产证券化等新型融资工具知之甚少，无法借助时代发展的浪潮，充分利用旅游资本市场的融资和整合功能，尤其是对新兴的乡村旅游金融产品的驾驭能力不足，导致乡村旅游企业融资能力不强，没有形成借助资本市场发展壮大的机制。

（五）主体权责不明增加了不同区域与主体合作的困难

当前我国普遍执行的行政权属体制中，国有林区的行政管理运行表现出明显的弊端。行政权属责任划分不清，致使国有林区在发展乡村旅游过程中经常受到行政权责划分问题的阻碍。当地基层政府、林场、管理处，都未能很好地履行自身的义务与职责。

以大别山国有林区为例，在大别山国家森林公园行政管理体制下，林区行政管理结构极为复杂，涉及多个不同部门，例如，文化景点由文化部门负责，森林公园的运营管理由林业部门负责等。各职能部门在权责归属上无法有效衔接，多个管理部门在设计开发乡村旅游资源的过程中存在诸多方面的差异与冲突，这些差异与冲突集中表现在乡村旅游景区的资源所有权、分配权、经营权、管理权和利益分配等方面。另外，占地面积较大的乡村旅游景区由于权属两个、三个或多个单位，往往被分成很多部分，分属不同的部门及单位管辖，从而造成林区各景点间的协调性差、功能分区重复，不同管理部门缺乏有效沟通交流，行政权责管理混乱。林区旅游景点空间系统缺乏系统性、协调性和完整性，使大别山林区在乡村旅游的经营管理过程中无法统筹兼顾，林区乡村旅游对森林资源利用极其有限，最终造成了林业资源浪费。

目前，推动林区乡村旅游产业发展合作的主体主要为政府及相关部门。国有林区基层政府承担了旅游发展倡导者、旅游活动组织者、旅游产业参与者等多重角色。而事实上，要实现林区乡村旅游的可持续发展，真正的主体应该是本地居民及相关旅游企业，这种主体的错位导致林区乡村旅游发展的驱动力不足，无法与乡村振兴同频共振，产生真正的乡村旅游发展内生动力。并且，主体权责不明晰，也导致目前部分参与林区乡村旅游合作的企业仅仅停留在浅层次的地域合作上，例如，乡村旅游景点之间的"直通车"、多方联合的旅游宣传活动推介等，更深层的资源共享很难实现。

（六）高素质人才的缺乏不利于游客满意度的提升

林区乡村旅游项目的开发、建设与经营是一项涉及领域纷繁复杂的系统工程，囊括旅游规划设计、旅游景区管理、旅游营销宣传、导游服务等多个方面，因此需要大批适应林区乡村旅游业发展需求的高素质、应用型的高级乡村旅游业人才。但目前林区乡村旅游的工作人员无论是从数量上还是从素质上都显示出无法满足林区乡村旅游的高质量发展需要。由于历史遗留问题，现有的林区乡村旅游从业人员大多来自以前的林场、林业系统，这些老员工大多没有受过系统的旅游行业专业训练，缺乏开发乡村旅游产品、推广乡村旅游项目、打造乡村旅游品牌的突出能力和经验，也难以为旅游者提供较高层次和水准的旅游消费与服务体验。

随着部分林业、旅游企业经营状况的不断恶化，旅游企业出现大批下岗职工和失业人员。随着国内各大城市人才争夺战的全面开启，国有林区高素质人才大多选择去经济优渥的沿海地区而非留在经济与生活水平均相对落后的林区。经济发达地区广阔的发展空间、优越的工作环境，优厚的薪酬待遇，使林业职工及具备旅游专业技术的人才不断地流向经济发达地区，大量的人口流出，加之较少的人口流入，造成林区乡村旅游业人力资源的严重短缺。目前，高端专业性人才的流失及普通从业人员的大量缺乏导致的林区乡村旅游劳动力素质低、数量少的现状已成为林区林业、旅游业等产业转型的重要制约因素。

以大别山国有林区的天堂寨为例，天堂寨景区的旅游从业者主要为本地的居民和外来的农家乐经营者，这些群体对于林区森林养生旅游概念的认识浮于表面，认为在林区体验森林康养就是经常登山、多运动、住宿于农家乐及品尝当地的农家绿色新鲜蔬果。并且，这些从事旅游业的人员对于当地政府、林场关于森林康养旅游的发展给予的优待政策并不十分了解，且旅游接待与服务水平和服务意识都比较低，其中大部分从业者的康养意识极为薄弱，自身也并未体验过森林康养旅游，更不了解森林负离子能量对健康的意义。天堂寨景区内的大部分旅游从业人员也未受过专业旅游接待服务培训，并不具备森林康养旅游的相应知识及应对旅游景区突发事件的应变处理能力，无法向旅游者提供科学的康养指导和优质专业的旅游接待服务，这也导致外来旅游者对天堂寨景区旅游满意度不高。

第三章　田野工作区与研究方法

第一节　大别山区国有林场概况

一　大别山区国有林场分布

2012年，中国扶贫办按贫困程度在我国民族地区、红色革命老区及边陲地区等划分了11个集中连片特殊困难地区，开展"集中连片，统筹发展"的脱贫攻坚工作。其中大别山集中连片特殊困难地区范围涉及湖北、安徽、河南3省11市，共36个县（市）。大别山集中连片特殊困难地区涉及安徽省域内13个国有林场，其中六安市8个、安庆市4个、淮南市1个；涉及河南省域内8个国有林场，其中开封市1个、商丘市3个、信阳市4个；涉及湖北省域内26个国有林场，其中孝感市6个、黄冈市20个（见表3.1）。

考虑到课题研究的需要，研究团队根据大别山区各国有林场社区发展情况和旅游业发展阶段的不同，从上述47个国有林场中选取了8个，分别为薄刀峰林场、天堂寨林场（湖北）、吴家山林场、桃花冲林场、天柱山林场、天堂寨林场（安徽）、黄柏山林场、新县林场。这些林场分布于大别山区3省6县（市），在差异性地域条件基础和政策引导之下呈现不同的发展特征，为课题全方位、多角度的研究提供了典型且充分的案例支持。

表 3.1　　　　　　　　大别山区国有林场分布

省份	地级市	县市	林场名称
湖北省（26）	孝感市（6）	孝昌县（1）	双峰林场
		大悟县（5）	泉水寨林场、仙居顶林场、娘娘顶林场、五岳山林场、李园林场
	黄冈市（20）	团风县（1）	大崎山林场
		红安县（5）	老君山林场、天台山林场、紫云寨林场、游仙山林场、大斛山林场
		麻城市（3）	狮子峰林场、西张店林场、五脑山林场
		罗田县（5）	天堂寨林场、青台关林场、薄刀峰林场、观音山林场、黄狮寨林场
		英山县（2）	桃花冲林场、吴家山林场
		蕲春县（4）	向桥林场、横岗山林场、太平林场、牛皮寨林场
安徽省（13）	淮南市（1）	寿县（1）	八公山林场
	六安市（8）	霍邱县（2）	看花楼林场、西山林场
		金寨县（6）	马宗岭林场、鲍家窝林场、窝川林场、康王寨林场、九峰尖林场、天堂寨林场
	安庆市（4）	岳西县（1）	县林业总场
		潜山市（2）	驼岭林场、天柱山林场
		宿松县（1）	宿松林场
河南省（8）	开封市（1）	兰考县（1）	兰考林场
	商丘市（3）	民权县（2）	民权林场、代寨林场
		宁陵县（1）	宁陵林场
	信阳市（4）	商城县（2）	黄柏山林场、金岗台林场
		固始县（1）	固始林场
		新县（1）	新县林场

二　案例地国有林场旅游业发展及辐射村庄旅游受益情况

大别山区国有林场自 21 世纪前后纷纷迈入林场旅游开发的行列

中，依托自然旅游资源建设不同规模的风景区和度假区（见表3.2）。林场的旅游发展惠及周边村庄。乡村居民通过参与旅游景区建设和游客服务获取收入，此外，通过开办餐馆、民宿和农家乐来丰富生计选择。因课题组于2019年完成了相关预调研与有关资料的收集、整理工作，故表3.2中的相关统计数据与下文对案例地林场的简介均以2019年为时间节点。

表3.2　　　　大别山区国有林场旅游数据统计表

省份	县级市	林场名称	建立时间（年）	面积（亩）	职工人数（人）	开发时间（年）	现有景区	景区等级	旅游开发阶段
湖北省	黄冈市罗田县	薄刀峰林场	1959	45000	223	1996	薄刀峰风景区	AAAA	较成熟
		天堂寨林场	1958	68000		1994	天堂寨风景区	AAAAA	成熟
	黄冈市英山县	桃花冲林场	1961	45000	189	2008	桃花冲风景区	AAAA	较成熟
	黄冈市英山县	吴家山林场	1961	45000	206	2009	大别山主峰风景区	AAAA	较成熟
安徽省	六安市金寨县	天堂寨林场	1974	18000		1986	天堂寨景区	AAAAA	成熟
	安庆市潜山市	天柱山林场		30750		1949年后	天柱山风景区	AAAAA	成熟
河南省	信阳市商城县	黄柏山林场	1956	200000	200	2006	黄柏山国家森林公园	AAAA	较成熟
	信阳市新县	新县林场	1952	150000	830		连康山自然保护区		起步

（一）湖北省罗田县薄刀峰林场

薄刀峰林场位于湖北省罗田县境内大别山主峰西南方向的湖北省与安徽省交汇处，林场于1959年12月1日注册成立，占地面积4.5万亩，主要经营林木，木材加工销售、汽车运输和小水电等产业，注册时员工人数为223人。1996年，包括薄刀峰林场在内的大别山罗田县片区被林业部批准为大别山国家森林公园，后被国土资源部（现改为自然资源部）批准为大别山国家地质公园，跻身国家AAAA级旅游景区行列，是一个集林业、旅游与科学研究于一体的场域。在60多年的林业培育、经营、养护与20多年的旅游开发、经营过程中，在社会发展、政策叠加，特别是旅游发展的作用下，以林场为核心的林区乡村产业结构、空间结构，以及社区社会关系都发生了巨大变化，社区生态保护、综合发展与旅游开发问题突出。

自2011年动土开工以来，薄刀峰景区相继完成了"卧龙岗""圆梦谷""独尊山""锡锅顶"四个文化主题内涵游览区的打造。建设的两条总计长达2000米的登山索道吸引了大量游客前来观光游览，使薄刀峰景区成为罗田县旅游的支柱。但是，索道于2017年因薄刀峰景区被划入国家生态保护区而停止对外开放，对后来薄刀峰景区旅游业的发展产生了较大的影响。截至2019年，薄刀峰林场周边村庄旅游受益程度由高到低依次为五条路村、大地坳村、平坦原村、龚家冲村、乱石河村。

（二）湖北省罗田县天堂寨林场

天堂寨林场成立于1958年，注册成立时总面积达6.8万亩，是当时鄂东地区面积最大的国有林场。天堂寨风景名胜区建设于1996年10月，在原薄刀峰林场现有设施的基础之上逐步完成。如今已成功创建为国家AAAA级旅游景区、国家级自然保护区，是大别山国家森林公园和大别山世界地质公园的核心区域之一。

天堂寨林场于2002年获批"省级旅游扶贫实验区"，在政策上为天堂寨旅游业发展提供了支持。此后，天堂寨林场（湖北）代管黄柏山村与吊桥河村，总人口2208人，其中林场职工家属547人。天堂寨风景名胜区建设完成时，已有健全的旅游服务机构、行政管理机制和较为完善的基础设施。随着天堂寨旅游业的发展，游客接待中心、停车场、演出场所等基础设施与旅游专用设施不断完善，旅游公路逐渐串联并覆盖罗田县全境，交通工具直抵罗田县城与武汉市区。

黄柏山村是天堂寨林场代管村庄，位于天堂寨景区核心区域。从古至今，黄柏山村虽拥有良好的自然与人文资源，但因地理位置偏远、交通不便过着拮据的生活。2012年，黄柏山村被确定为罗田县旅游扶贫试点村后，全村发展进入快车道。村"两委"首先开展"到村组入家户"的道路硬化工程，在此基础上发展产业，建设优质优品果园150余亩，鼓励开办农家乐32家。2013年，在旅游业的带动下，全村人均纯收入过万元，由贫困村变成了外界羡慕的旅游型村落。截至2019年，天堂寨林场周边村庄旅游受益程度由高到低依次为黄柏山村、圣人堂村、河西畈村、烂泥畈村、吊桥河村、张家咀村。

（三）湖北省英山县桃花冲林场

桃花冲林场位于湖北省英山县东北隅的大别山腹地中，海拔最高可达1699.8米，林场内年平均温度在20℃左右，是四季皆可前往畅游的观光胜地。桃花冲林场始建于1961年，1996年经湖北省林业厅批准，成立省级森林公园，又于2004年获批国家级森林公园。2008年8月，英山县将桃花冲林场更名为英山县桃花冲风景区。同年，顺利通过国家AAA级旅游景区验收。2010年11月，成功升级为国家AAAA级旅游景区。

林场区域内有土地面积4.5万亩，山林面积4.2万亩，其中林业用地达3.8万亩，森林覆盖率高达98%。林场现有固定资产净值12600万元，年综合收入4000万元，其中旅游收入占80%，林业收入占15%。产业以生态旅游为主导、林业和农业生产为辅，林场的自然环境较少受到人类活动的破坏，为旅游业的发展营造了良好的空间。

在建设省级森林公园和风景名胜区之前,桃花冲林场坚持走"以林兴场、兴工强场、办商富场、旅游活场"的发展道路,林场集体综合实力居黄冈市国有林场之首,是当时湖北省"十强国有林场"之一。景区建设后,桃花冲林场每年因避暑休闲游带来的营业收入十分可观,逐渐成为远近闻名的避暑胜地和林业大中专院校实习基地。在生态旅游理念的影响下,桃花冲林场紧跟时代步伐,以"多引进一个游客,等于少砍一立方米木材"的经营理念,先后开发出了北线"李家寨原始次生林群落及将军石刻"旅游线路、东线"小旗岭红色旅游"线路和南线"十里桃花溪生态旅游"线路,三线齐头并进并成功创建了国家AAAA级旅游景区。目前,桃花冲风景名胜区内有星级宾馆、山庄、农家旅馆共28家,接待床位1200余张,可同时为3000余人提供餐饮服务,旅游定点商铺4家,医疗卫生所1处,年均接待游客量达30余万,旅游整体收入3000多万元。如今,桃花冲林场正在实现从"以林带旅"到"以旅兴林"的突破转变和跨越发展。截至2019年,桃花冲林场周边村庄旅游受益程度由高到低依次为桃花冲村、红花村、孙家塆村。

(四) 湖北省英山县吴家山林场

吴家山林场于1961年12月1日注册成立,林场面积约4.5万亩。主要经营林木、木材加工与销售和旅游服务。2010年,吴家山林场成功挂牌为国家AAAA级旅游风景区,次年获批成为国家级地质公园,代管吴家山村和大河冲村,区内林农约800人。在2009年全面禁伐政策颁布后,当地以砍伐树木与木材粗加工为生的林农失去生计来源,旅游业兴起后,林农改变了原有的生计选择,林场职工主动参加旅游业的专业技能培训,携手步入旅游场域。这正顺应了吴家山林场"以林为本,以旅为先,林旅结合,协调推进"的发展理念。截至2019年,吴家山林场周边村庄旅游受益程度由高到低依次为吴家山村、张家咀村、大河冲村。

(五) 安徽省金寨县天堂寨林场

安徽天堂寨国家森林公园地处金寨县西南部的大别山深处，总面积达18万亩。森林公园前身是国营金寨县白马寨采育综合林场，到1998年，林场工人完全放下油锯，转换身份，成为景区工作人员。2004年，安徽省旅游集团投资建设天堂寨风景名胜区，并成立了天堂寨旅游发展公司，林场实现了企业化管理和市场化运作。天堂寨景区相继获得过"大别山国家地质公园""安徽省金寨县天堂寨自然保护区""安徽省天堂寨国家森林公园""国家AAAAA级旅游景区"等称号。2016年，天堂寨景区共接待游客量190万人，旅游综合收入高达4.8亿元。如今的天堂寨已成功打造了优质的天堂寨生态旅游品牌形象，在保护生态和旅游发展中前进，沿着"旅游富民、旅游兴业"的道路迈向了乡村振兴的康庄大道。截至2019年，天堂寨林场周边村庄旅游受益程度由高到低依次为马石村、前畈村、渔潭村、泗河村、后畈村、黄河村、杨山村。

(六) 安徽省潜山市天柱山林场

天柱山位于大别山区东南延脉，潜山市西部，为安徽省三大文化名山之一。1958年天柱山林场修建。天柱山林场总面积为3万多亩，森林覆盖率高达97%，有"绿色博物馆"之称。林场改制时期，牢牢把握国有林场改革契机，创新发展、转型升级，当地县、镇领导队伍致力将天柱山林场打造成为具有高认知度的生态旅游胜地。如今的天柱山风景名胜区仍坚持走绿色发展之路，充分释放了森林的绿色效益，深刻诠释并持续践行"绿水青山就是金山银山"理念和森林生态保护的使命。1982年天柱山林场由国务院获批全国"首批国家级重点风景名胜区"并成立园林管理处，随后发展为天柱山管理处，相关部门在国家政策的鼓励带动下积极开展旅游投资和景区建设。1992年当地因旅游业的蓬勃兴起迎来了规划发展的新阶段，天柱山建镇，相继被批准为"国家森林公园"和"国家地质公园"。2011年,天柱山风景名胜区晋升为国家AAAAA级旅游景区,天柱山森林公园也成为全国最具影响力的森林公园。

天柱山林场所在的潜山市行政区划内有旅游宾馆、饭店达110家,包括13家星级饭店、5家旅游餐馆和13家农家乐,高中低档床位共计1万余张,旅行社29家,导游650人,涉旅企业百余家,旅游从业人员达5万多人。天柱大峡谷、皖光苑、网球训练基地、皖镇、天龙关攀岩基地、白马潭漂流、查冲生态园、栗树生态农业观光园等景区、景点蓬勃发展。天柱山林场历经30余年的发展,旅游服务设施日臻完善,为后来天柱山景区旅游业的强劲发展、知名度和美誉度迅速提升奠定了坚实基础。近几年,天柱山景区依托自身得天独厚的自然风貌和舒适宜人的生态环境,重点开发国际化山地康养型和休闲观光型旅游产品,成功打开了俄罗斯旅游市场,同时吸引了来自韩国、日本、马来西亚、新加坡、荷兰、英国、法国等国家的游客。俄罗斯客商投资了2500万美元在天柱山兴建五星级国际养生中心,以建立长期海外休闲度假养生的基地。天柱山南坡的茶庄村在规划中被定位为"国际养生中心、半山度假小镇",是天柱山风景名胜区的重要入口。天柱山镇的"禅宗寻根游"也是吸引海外游客的特色旅游线路,欧洲、韩国和日本的佛教朝圣者先后多次来此进行佛学交流。

天柱山旅游度假区总体规划面积2.4万亩,依托并服务于天柱山林场,以生态养生、古皖文化、运动休闲为旅游特色,旨在打造"山城一体化"的发展格局。总投资近4亿元的"天柱第一城"已建成投入使用,主体建筑包括国家网球训练基地和七仙女国际大酒店,还配套建设了大型特色旅游商贸中心。2011年12月,雨润集团与相关部门签约,投资40亿元用来建设天柱山国际商务旅游度假区,建设坡地高尔夫球场、五星级旅游酒店以及商业地产等配套设施。同时,全力集团投资8亿元在天柱山镇打造集温泉洗浴、健身美体、休闲娱乐、景点观赏于一体的多功能温泉度假养生中心。随着重大旅游项目的建设工程稳步推进，天柱山将发展为国际化的养生观光的胜地。截至2019年，天柱山林场周边村庄旅游受益程度由高到低依次为茶庄村、天寺村、林庄村、万涧村、龙潭村、风景村、天柱村、和平村、龙湾村。

（七）河南省商城县黄柏山林场

黄柏山林场地处河南省最南端的三省边陲地带，于1956年开始建设，集中连片式的林场面积20万亩，林农7000余人。黄柏山林场自2003年开展大规模的国有林场改革和一系列林业生态资源的保护、培育、整合等林业生态建设工作，使原本产业结构单一、职工收入低、债务负重大的小林场成功蜕变。20世纪以来，黄柏山林场先后于2006年被批准为"国家级森林公园"，2014年晋升至国家AAAA级旅游风景区，2015年获得首批"中国森林氧吧"荣誉称号。河南省商城县对林业旅游发展高度重视，投入大量资金，制定扶持政策，居民的生计选择由传统的、单一的林业生产向"林旅融合"产业转变，林场50多项旅游景区景点主体工程已竣工，逐步具备提供完备且优质的旅游服务的能力，山地旅游产业成功迈入全方位、大发展的崭新快车道。总结其成功原因有以下几点。

一是通过招商引资获得大量活化资金，2008年以来，林场共吸纳的投资金额近23亿元，年均林下经济产值2500多万元，为森林旅游发展提供了稳固的资金支持。二是基础设施的完善改变林场内部及林场代管村庄的风貌，累计投入了9000余万元用于改造场区站点内近40处"老、破、小"，新修的主体建筑包括林场职工宿舍、景区酒店和办公大楼共5处。此外，通过新建道路，连接了南部湖北省麻城市和东部安徽省金寨县的长达70千米的循环式交通路网。三是片区统合的规模效应激发了林场发展活力，在县委、县政府的通力支持下，在林场基础上组建的森林公园管理处将周边6

个行政村划归一个整体，开展"村—村共建"式统合发展，这既是林场内部要素流动与再分配和地域边界的突破与扩展，也是先富带后富、迈向共同富裕思想的有效实践，为创建国家AAAAA级旅游景区打下了坚实基础。

脱贫攻坚时期，黄柏山林场每年提供面向社会招工的临时岗位1.5万个，引领周边农民开办农家乐、发展种养殖业、制作手工艺品。林场职工年人均收入近3万元，是当地平均工资的2倍多，创造劳务增收约1000万元。黄柏山林场年接待游客量达50余万，旅游综合收入近3亿元，"黄柏山"逐步成为全县、全市乃至全省对外推介的一张林业名片。截至2019年，黄柏山林场周边村庄旅游受益程度由高到低依次为百战坪村、黄柏山村、枣树塝村、前和村、药铺村。

（八）河南省新县新县林场

新县林场地处河南省南部新县境内，始建于1952年，地处江淮分水岭区域，下辖8个营林区，山场总面积1万公顷，活立木蓄积量60万立方米，森林覆盖率达98%，是全省职工人员较多、规模较大的国有林场之一。随着新县县委、县政府生态环境建设力度的加大及"禁伐"号召的提出，新县林场积极响应，变传统的"砍树人"为造林管护人，立足现有的自然、经济、技术条件，侧重生态环境建设，狠抓营林造林和多种经营，全力保护营林成果。新县是林业大县、退耕还林重点县，新县林场是新县林业骨干力量，培育优质树种、建设防护林技术已较为成熟，始终朝着国家林业建设方向迈进。

国有新县林场现有职工830余人，人均事业费、自然资源等均属全省较低水平，近年来，林场虽然取得了较大的发展，但也有很多基本问题亟须解决。一是产业结构不合理。由于林场的主导产业是木材采集与加工，林产品的利润较低，向第二、第三产业转变较困难。二是林场资金储备不足。国家对于新县林场的投资较少，远远不能满足生活生产需要。林场现有的融资渠道窄、自筹资金能力较差,使自身负债高,财务风险较大。三是林场管理体制不完善。国有新县林场现与国家级连康山自然保护区管理局实行的是"两块牌子、一个部门"的管理体制。由于部门及其职能的重合,使林场管理混乱,导致现有管理体制存在漏洞。四是经营机制僵化。因发展植树造林导致无闲置林地,多种经营方式的发展较困难。五是人才队伍建设落后。由于林场的总体收入不高,留不住优秀的管理及技术人才,人才的数量、质量与林场发展供需不匹配。六是历史遗留问题较多。主要是过去管理不善,存在合同条款不完善等原因造成的经济纠纷问题。这些制约新县国有林场高质量和可持续发展的障碍急需加以解决。

1982年,河南省人民政府在国营新县连康山林场上批准建立新县连康山自然保护区。2005年新县连康山自然保护区由森林生态类型的自然保护区升级为国家级自然保护区,占地面积2000公顷,保护区内核心区面积667公顷,实验区面积1333公顷。新县连康山集教育、观光、避暑、康养等多种旅游功能于一体,具备一定的接待能力,年接待游客逾10万人次。截至2019年,新县林场周边村庄旅游受益程度由高到低依次为金兰村、吴尖山村、巴粑棚村、彭河村、白果树村、连康山村。

第二节 研究主要案例地概况

一 案例地一:潜山市

潜山市(116°14′E—116°46′E、30°27′N—31°04′N)位于长江下游北岸、安徽省西南部、大别山区东南方,2018年撤县设市,由安庆市代管,是中国旅游百强市,国家全域旅游示范区之一,享有

"皖国古都、安徽之源"的美誉。潜山市地势西北高、东南低，低矮山地、丘陵、平原呈阶梯状延伸，潜水与皖河自西北向东南纵贯潜山市中南部地区。全市面积1688平方千米，下辖11个镇（官庄镇、黄柏镇、槎水镇、源潭镇、余井镇、天柱山镇、水吼镇、梅城镇、黄铺镇、黄泥镇、王河镇），5个乡（塔畈乡、龙潭乡、五庙乡、痘姆乡、油坝乡）。全市践行"绿水青山就是金山银山"的理念，推进"生态立县（市）、旅游富县（市）"战略，建有世界地质公园、国家森林公园、国家AAAAA级旅游景区——天柱山风景区，拥有天龙关景区、白马潭生态旅游景区、山谷流泉文化园景区、潜山市皖光苑旅游景区4个国家AAAA级旅游景区与天柱大峡谷景区、九曲河漂流景区、望虎园林景区等11个国家AAA级旅游景区。

此外，在全域旅游发展过程中涌现出一批中国人居环境范例村，全国美丽乡村示范村和全省特色景观旅游名镇、名村等。旅游业发展带动了潜山市经济的发展，也助力了贫困乡村脱贫致富，形成了林、农、工、旅融合的产业业态。2021年潜山市促进全域旅游若干政策中提出为大力实施"文旅兴市"战略，要强化旅游宣传营销，支持新兴业态发展，鼓励文旅体品牌创建，推动文旅体融合发展。2020年全市旅游收入97.63亿元，共接待游客达1011万人次，旅游收入对市域GDP贡献率高达45.05%。

潜山市天柱山风景区隶属天柱山镇，接壤痘姆乡，主要由茶庄村、风景村、红星村、仙驾村、万涧村等村庄和景区林场组成。其中与旅游业发展息息相关，受影响程度最深的三个村庄为：地理区位优越，景区接待位置核心，开发时间较早且公共服务设施完善，旅游发展迅捷的茶庄村；交通竞争优势较大，运输出行便利，旅游发展稳健的风景村；旅游资源保护良好，旅游发展初期但潜力较大的万涧村。在美丽乡村建设等战略政策的扶持帮助下，有望成为潜山市融合性乡村旅游示范村。

茶庄村因茶得名,也因茶而闻名。村域面积17.2平方千米,坐拥良好的临近核心景区区位及充沛的植被资源,是全国首批乡村旅游重点村、安徽省特色景观旅游名村、省级森林村庄、省百家乡村旅游(扶贫)示范村。茶庄村通过对种茶、制茶、饮茶技艺和文化的传承再现,活化了地域文化也带动了茶产业发展。近年来,茶庄村充分发挥生态优势,打造出"富氧、富硒、富铁离子"的"三富"旅游宣传口号,将茶产业作为扶贫开发、乡村振兴的重要抓手。随着大众旅游的兴起,茶庄村的茶产业搭上了潜山市全域旅游发展的快车道。通过举办天柱山茶文化旅游节,先后开办养生茶艺培训班、乡村茶文化体验馆等地方活动,建成集观光、采摘、休闲、研学于一体的茶博园。通过建立"俄罗斯村"并开展系列推介活动吸引国际游客到此开展养生旅居体验,开启了茶旅融合、乡村振兴的新篇章。

风景村坐落于天柱山国家级风景名胜区南大门,背倚天柱,面临潜河,村内山谷流泉、潜水湿地等旅游资源丰富。坐落在风景村的真源宫、及第庵、祭岳台、白鹤泉都具有地域特色和文化底蕴。风景村充分发挥临近景区、临近干道、临近集镇的区位优势,通过山区林场土地流转分红,合作经营漂流公司,建成旅游集散中心,清然居民宿、西津渡民宿、一村美宿等精品民宿招收周边村民通过务工就业等实现村民增收。近几年先后有几十名旅游、网络、管理等方面人才返村创业,为当地发展注入新鲜血液。

万涧村紧靠天柱山国家级风景名胜区北部,村域面积20平方千米,四周群山环抱,中间地势平坦,先后被评为"安徽省毛竹之乡""乡村旅游示范村""安徽省美好乡村建设试点村",2017年被列入国家传统村落保护试点村。现引进安庆嘉欣竹业有限公司,建设毛竹主副产业。万涧村一方面积极展开对古村落、古房屋的保护利用，有序开发特色文化旅游景点；另一方面通过与国内知名大学的农研合作，实现地方文物特产的"产、学、研"优化转型，依托美丽乡村建设打造特色的旅游发展环线。万涧村作为天柱山戏曲的发源地之一，地方政府通过开展送戏下乡等实践活动，唤醒了人们心中对黄梅戏、弹腔等本土文艺的记忆与热情。通过积极开设乡村大舞台，在丰富地区文艺活动的基础上，实现了对地方传统文艺的保护与弘扬。

二 案例地二：罗田县

罗田县（115°06′E—115°46′E、30°35′N—31°16′N）位于湖北省东北部、大别山南麓地区，境内多山地，冠以"八山一水一分田"的名号，是我国革命老区之一。全县总面积2144平方千米，下辖10个镇（三里畈镇、胜利镇、九资河镇、白庙河镇、大河岸镇、大崎镇、河铺镇、匡河镇、骆驼坳镇、凤山镇）、2个乡（平湖乡、白莲河乡）、4个国有林场（黄狮寨林场、薄刀峰林场、青苔关林场、天堂寨林场）。本书中，白莲河乡已于2019年由白莲河生态保护和绿色发展示范区管辖并直接隶属黄冈市，故白莲河乡及县城建成区内所辖行政村均不在研究范围。罗田县曾是集老区、山区、林区于一体的国家级贫困县。在脱贫攻坚与乡村振兴相衔接这一关键时期，在新冠疫情侵袭下旅游业发展停滞期，面临着村域间的发展不平衡日显严峻，返贫风险、生态压力与资源约束等多重考验。

党的十九大以来，罗田县积极响应并践行"绿水青山就是金山银山"的生态理念，推进"生态立县、旅游富县"和"一县一业、一乡一特、一村一品"的战略，依托良好的大别山区生态环境，形成了独具特色的绿色农业、林下经济、康养旅游等发展模式。千里大别山，美景在罗田。罗田县域内建有天堂寨风景区（世界地质公园、国家 AAAA 级旅游景区）和薄刀峰风景区（国家 AAAA 级旅游景区），以及圣人堂、燕儿谷、胜利红色旅游区等 6 个国家 AAA 级旅游景区，大别山世界地质公园也坐落于此，罗田县具有俯仰异观、得天独厚的旅游资源，包括以天堂寨和薄刀峰为代表的山地及森林旅游资源，以进士河和天堂湖为代表的河流及湖泊旅游资源，以燕儿谷和潘家湾为代表的休闲田园及乡风民俗资源，以三里畈温泉为代表的天然养生地热旅游资源，以罗田板栗和錾字石甜柿为代表的名优地方特产资源，以王葆心和余三胜为代表的地方名人古迹旅游资源，以胜利烈士陵园为代表的红色旅游资源。

2018 年全市旅游收入 50.3 亿元，共接待游客达 815 万人次，旅游收入对市域 GDP 贡献率高达 36.39%。罗田县政府提出要构建一二三产业大融合的全域旅游模式，加快"新产品、新业态、新模式"的旅游业融合发展；构建并完善普惠共享、便捷高效的"县—乡镇—重点村—普通村"的公共服务体系；构建乡村振兴新业态（休闲农业、农村电商等）的旅游产品供给体系，鼓励能人返乡，推动村企联建，提升全域旅游的造血能力。

罗田县燕儿谷片区以燕儿谷生态观光农业有限公司所在地、国家旅游扶贫重点村燕窝湾村为核心区，包括周边郭家河村、叶家圈村、樊家冲村、望江垴村、骆驼坳村共 5 个村落。"山水嘉卉，谷候燕归"，燕儿谷是休闲农业、乡村旅游、健康养老产业融合的乡村经济转型示范项目，由北京市地平线律师事务所律师徐志新于 2011 年返乡投资创办。2015 年，燕儿谷被评为国家 AAA 级旅游景区。2016 年，国务院副总理汪洋前往燕儿谷开展调研视察工作，肯定了燕儿谷"村企联建、精准扶贫"模式成效和推广价值。2019 年，燕儿谷入选世界旅游联盟旅游减贫案例。燕窝湾村不定期组织企业、高校等社会论坛活动，市场知名度与管理专业性在不断提升。每年吸引了大量游客前来旅游观光，带动周边农户开办农家乐

40多家，每周双休日接待游客超过2000人，休闲农业与乡村旅游已经成为当地的支柱产业。

九资河镇圣人堂村坐落于大别山主峰天堂寨脚下。近年来，该村利用乌桕树红叶这一特色景观的品牌效应，大力发展旅游业。圣人堂村红叶观赏基地吸引了诸多摄影爱好者和游客游览。目前投入使用的村民自建高标准的农家乐旅馆达40余家，引进并建成了天堂峡谷漂流项目，年均经营收入超过200万元，先后开发了大别山三宝（茯苓、杜仲、天麻）、大别山根雕等系列备受欢迎的旅游产品。

本书以大别山区潜山市为主要案例地、罗田县为辅助案例地，立足多样的乡村旅游资源与业态、复杂的乡村旅游业发展历程和山区乡村独特地域与乡村振兴时代背景，测度乡村旅游融合性具有较强的典型性与代表性。

第三节　研究方法

一　质性研究方法

结合研究内容综合考量山区案例地研究对象的属性特征，本书主要采用半结构访谈法及参与式观察法获取一手资料。半结构访谈法以一种相对客观且灵活的形式，帮助研究者将传统村落中居民对某一事物现象的客观认识转化为主观反应。笔者通过对研究内容的分析构建了访谈框架与访谈提纲，较好地实现了在尊重村民意愿的前提下，灵活掌握案例地村民在访谈过程中流露出的特定经历及态度响应，方便挖掘出更多潜在的有效信息。

研究员通过对案例地村主任等工作人员的沟通交流，掌握了当地旅游发展的重大历程及未来规划，了解到当地资源的开发现状及独特的旅游活动。通过对当地村民及旅店经营者等旅游工作人员的访谈记录，总结出乡村旅游发展对其生产生活、乡风文化的影响，村民在当地旅游发展中到底扮演着什么角色？乡村旅游决策是否切实观照到村民的参与和诉求？乡村干部、村民和旅游企业间合作的密切程度等一系列问题，都得到了进一步的挖掘。

此外，研究还通过参与式观察法，对案例地村庄展开了实践学习。在进行半结构访谈的同时，笔者扎根于田野调查，不仅与当地村民进行积极的日常交流互动，学习当地的生活习性，熟悉案例地特有的人文景观环境，在系统性观察的基础上收集现场研究资料，还深入了解当地旅游场所的建筑布局和村庄生态环境，观察旅游场域中多元主体的对话模式。

最后，对调研获取的数据展开编码研究。将半结构访谈中收集到的调研语音数据进行文本整合转译，对照研究指标体系系统编码，总结构建出研究需描述解释的关键逻辑。深描乡村旅游融合性水平空间分异的影响因素，依据编码权重解释旅游融合性形成机理，以此探讨并凝练乡村地域融合性乡村旅游高质量发展的策略，提高研究结论的准确性与科学性。

二 定量研究方法

国内外研究中综合指标体系权重的测度方法分为主观赋权法和客观赋权法。主观赋权法是通过科学专业的评价者主观认定指标对结果的影响程度来为权重赋值，客观赋权法是根据初始数据的客观信息量来计算各指标权重，二者各有利弊（丁建军等，2020）。本书基于博弈论思想，结合主观赋权（层次分析法）与客观赋权（熵值法）的方法进行权重集成，以克服各自方法存在的弊端。寻找最优组合中确定最能接近实际情况的权重值（见表3.3），从而更加真实地反映各项指标对乡村旅游融合性进行评价时的贡献。层次分析法由9人构成的专家组（其中5人为研究乡村旅游的相关学者，2人为潜山市天柱山旅游委管理人员，2人为全程参与野外调研的硕士研究生）打分并构建评分矩阵，从而确定指标权重。

（一）熵值法

自然科学理论中，物理热力学中的"熵"是一种对系统的自然无序状态的度量（陈明星等，2009）。Shannon将这一概念移植到信息论中，定义信息熵为离散信息源的变异程度，与信息量和权重呈负相关。信息熵值越高，各信息源的差异性越小，系统结构越稳定均衡；信息熵值越低，各信息源的差异性越大，系统结构越紊乱失调。因此，可以根据信息熵值的大小，即各指标值的变异程度来赋值权重。它作为一种客观权重算法，消除了人为主观判断的误差，能够提高评价结果的准确度。计算步骤如下：

$$p_{ij} = \frac{y_{ij}}{\sum_{i=1}^{n} y_{ij}}$$

$$e_j = -\frac{1}{\ln m} \sum_{i=1}^{n} p_{ij} \ln p_{ij}$$

$$w_j = \frac{1 - e_j}{\sum_{j=1}^{m} (1 - e_j)}$$

式中：y_{ij}为各单项指标标准化之后的值；P_{ij}为第i个样本村中第j项指标占该指标的比重；e_j为第j项评价指标的信息熵；w_j为第j项评价指标的权重值。最终得到网络维度、规模维度、赋权维度、内生性维度、嵌入性维度与互补性维度的权重分别为19.669%、20.724%、11.922%、23.926%、19.118%与4.642%。

以乡村旅游融合性评价指标体系为基础，在对指标数据进行标准化处理与权重集成后，将各项指标权重与指标的极差标准化数值相乘得出各村域单元乡村旅游融合性得分。测算公式如下：

$$s_i = \sum_{j=1}^{m} w_j \cdot P_{ij} \times 100$$

式中：s_i 为乡村旅游融合性综合得分；乘 100 用于消除小数位，以增加数据间差异的常数值。s_i 值越大，说明乡村旅游融合性越高。

（二）地理探测器

地理探测器（GeoDetector）是一种用于探测空间分异性，并揭示其背后驱动因子的统计学方法（刘彦随等，2017；杨忍等，2019）。地理探测器共有 4 个模块，分别是因子探测（Factor Detector）、交互探测（Interaction Detector）、风险探测（Risk Detector）和生态探测（Ecological Detector）。文章主要借助地理探测器的因子探测模块与交互探测模块来研究乡村旅游融合性的影响因素。因子探测模块明晰具有统计显著性的自变量对因变量的解释力，可以识别某个因素与乡村旅游融合性的空间布局是否具有一致性，若该因素与乡村旅游融合性在空间上的变化具有一致性，则该因素对于乡村旅游融合性具有决定性意义。因子探测的具体表达式如下：

$$q_{DS} = 1 - \frac{1}{N\sigma^2} \sum_{h=1}^{L} N_h \sigma_h^2$$

式中：q_{DS} 为影响因子 D 对乡村旅游融合性 S 的探测力值；N、σ^2 分别为样本量与方差；N_h、σ_h^2 分别为 h（$h=1, 2, \cdots, L$）层的样本量与方差。q_{DS} 取值范围为 [0，1]，当 q_{DS} 越接近于 1 时，表明该影响因子对乡村旅游融合性的影响越大，当 $q_{DS}=1$ 时，乡村旅游融合性完全受影响因子 D 的驱动；当 $q_{DS}=0$ 时，乡村旅游融合性的空间分异完全不受影响因子 D 的驱动。

交互作用探测模块能够进一步判断自变量之间是否具有交互作用及其作用方向和类型。通过计算和比较单因子 x_1、x_2 起作用的 q_x 值以及 x_1、x_2 因子叠加后的 q_x 值，判断 2 个单因子是否存在交互作用，以及交互作用的强弱、方向、线性或非线性等信息（王劲峰等，2017）。

(三) 障碍度模型

为了更好地识别乡村旅游融合性的影响因素和乡村旅游融合性的空间格局演化的形成机理，本书引入土地生态系统安全评估中的健康距离模型（障碍度模型）来识别制约乡村旅游融合发展的障碍因素。障碍度模型最早由陈高引用系统集的思想，在2001年应用于森林生态系统健康评估监测中（陈高等，2002）。本书将障碍度模型引入乡村旅游融合性评价中，即指乡村地域系统、旅游融合性六维度之间及各指标之间在发展过程中偏离了最佳配置状态，通过测算它与最高水平融合性之间的相对综合距离来评价偏离的程度。障碍度模型采用3个变量进行分析诊断：一是指标偏离度P_{ij}，即单项指标与乡村旅游融合目标之间的差距，此处设为单项指标标准化值与1之差；二是因子贡献度F_{ij}，即单项指标对乡村旅游融合目标的贡献程度，用单因素指标的权重来表示；三是障碍度I_{ij}，即单项指标或六维度对乡村旅游融合性的影响程度（马慧强等，2018）。计算公式如下：

$$F_{ij} = w_{ij} \cdot w_i$$

$$P_{ij} = 1 - y_{ij}$$

$$I_{ij} = \frac{P_{ij}F_{ij}}{\sum_{j=1}^{m} P_{ij}F_{ij}}$$

$$U_i = \sum_{j=1}^{m} I_{ij}$$

式中：y_{ij}为各单项指标标准化之后的值；w_{ij}为第i个维度第j个指标的权重；w_i为第i个维度的权重；U_i为第i个维度的障碍度。

第四节　指标体系构建

一　指标选取原则与方法

指标的甄选需要综合考虑对乡村旅游融合发展的指导性和可获

取性等，提出科学、合理、实用的指标体系。通过借鉴国内外指标体系确定的原则，根据本指标体系构建目标，主要从以下 5 个方面考虑指标的选取原则。

（一）科学性原则

指标要有明确的科学定义，可以明确地用定量或者定性方法来计算。在已有研究的基础上，本书提出乡村旅游融合性的概念，认为乡村旅游融合性是衡量多元主体良性互动，乡村旅游多要素耦合协调，经济、文化、生态等相互促进，生产、生活、生态空间优化整合的程度性概念。着眼于乡村旅游融合性水平测量，反映旅游场域中主体间的合作互动、乡村旅游发展的内生性等对乡村旅游可持续发展及社区居民生产生活的影响，研究视角有别于文旅融合水平测度指标体系（王秀伟，2020）和乡村旅游可持续发展水平评价指标体系（武少腾等，2019）。

（二）时效性原则

指标应能够按最近年度获取，以反映乡村旅游融合情况。一手资料均是由课题组于 2021 年 4 月 16 日至 5 月 8 日前往潜山市，2021 年 11 月 17 日至 12 月 15 日前往罗田县进行数次野外调研获得。潜山市的研究年限为 2019 年，罗田县的研究年限为 2020 年，一定程度上确保了数据的客观性与时效性。

（三）易于获取原则

指标应该能够容易获取或者容易计算得到，尽量选取纳入政府统计范围的指标和获取成本较低的指标。融合性相关数据与资料的获取实现了镇政府整体把握，村委会详细了解，村干部、旅游企业和居民深度访谈相结合，在政府部门宏观介绍镇域、村域社会、经济，特别是旅游业发展情况的基础上，课题组于 2020—2021 年前往抽样村开展详尽的野外调研，收集一手资料。

（四）普适性原则

指标体系应适用于中国本土化乡村旅游发展的实践。立足乡村振兴战略与旅游业高质量发展背景，借鉴相关理论的本土化实践，突出中国乡村发展实际，将客观指标与主观指标相结合，丰富了乡村旅游融合性指标体系的评价内涵，既区别于西方 IRT 理论框架下的测量标准，又体现了中国广大乡村地域特色。

（五）敏感性原则

指标变化能明显反映该指标指示的要素是正向还是负向，要有较好的区分度。选取的 29 项指标中 28 项均是正向指标，负向指标为生态保护用地面积。划定生态保护用地红线范围越大，乡村旅游可支配的扩展用地越被挤压，旅游发展就越会受到根本性限制。

二　指标阐释

评价乡村旅游融合性，既需考虑生态文明的建设重任与乡村旅游的可持续发展目标，也需兼顾旅游参与主体的利益博弈，还需着眼于乡村地域本底。相较于西方学者关于 IRT 理论框架下的乡村，中国广大乡村在经济、社会等综合发展水平上存在较大的差异，且乡村分布地域辽阔、类型复杂多样，交通条件、经济发展水平与公共服务等的滞后表征的城乡发展不平衡、乡村发展不充分是现阶段的主要矛盾。

此外，土地集体所有使旅游资源与乡村社区的边界更加模糊，资源与社区在空间上相互嵌入的背景下，游客与居民的互动、生态保护与旅游发展的思辨、内生式发展与本地话语权的强化等凸显中国乡村地域特色。在此基础上，本书参照西方 IRT 理论框架与发展水平评价（Saxena G. et al., 2007; Ilbery B. et al., 2007; Clark G. et al.，2007），借鉴国内网络、赋权、内生性及可持续旅游等领域研究成果（孙九霞，2008；段正梁等，2012；王鹏飞等，2017；刘逸等，2020），立足中国广大乡村发展实际，遵循科学合理、指标可获取的原则，以可持续发展为目标，构建网络、规模、赋权、内生性、嵌入性与互补性6个维度29项指标（见表3.3）。

（一）网络维度

20世纪80年代，旅游学研究逐步引入利益相关者理论（吕宛青等，2018），强调多元的主体和协调的秩序能够推动可持续旅游发展。行动者网络理论同时关注具有差异性利益诉求和行为模式的行动者之间的互动机制，相关学者用该理论研究乡村旅游动态发展的过程中起主导作用的行动者的变化（Van der Duim R.，2007；Povilanskas R. et al.，2011）。在极具包容性、多边性、非稳态性和复杂性的乡村旅游场域中，村委会领导班子、旅游者、当地居民、旅游企业和旅行社等都是利益相关者，多元主体的利益制衡和良性互动，共同参与形成的高效有序的合作分工体系能提高旅游地网络的稳定性，实现共同富裕。因此，在网络维度下选取村委会与旅游企业合作、居民与旅游企业合作、村委会间合作、居民间合作、旅游企业间合作、乡村旅游集体会议频率6个指标反映多元主体合作发展旅游的能力。

（二）规模维度

规模效应理论最早是由亚当·斯密提出，马歇尔（Alfred Marshall）将这一概念延伸为内部规模经济和外部规模经济。旅游业中规模效应表现为旅游景点、餐饮住宿、游玩设施等多种旅游要素在地理空间上的集聚。一方面，配套齐全的旅游景区数量多能够产生更大的旅游吸引力，另一方面，通过扩散效应对周边新发展景区产生正向或负向辐射。出于客观因素（地理区位、资源禀赋等）的优势和对规模效益的追求，旅游要素的空间集聚已经成为区域旅游业发展的必然趋势。旅游市场潜力的大小分为主体发展潜力和客源消费能力,能够反映未来乡村旅游发展的规模。旅游景区内的配套接待设施是旅游目的地的必要旅游条件,其优劣直接影响游客的消费决策。接待能力的大小反映旅游景区提供综合性服务的水平,具有相互配套且功能完备的旅游设施的旅游型乡村越多,可负荷的游客数量和旅游活动越多,可实现的旅游创收也越多。因此,在规模维度下选取旅游建设用地面积、生态保护用地面积、年旅游接待人次、年旅游总收入、单日可接待人数、接待床位数量、乡村旅游业就业人数 7 个指标反映旅游发展的土地规模、收益能力、服务接待能力和人力资源水平等。

(三)赋权维度

赋权理论最早在 20 世纪 80 年代是指法律和制度赋予社会弱势群体维持平等权利。由于广大农村地区原生性的地理区位和基础设施的短板,难以避免会产生社区空心化、农业边缘化、主体老弱化与生态脆弱化等一系列问题。大量招商引资和点对点帮扶的外来资本进驻到乡村旅游网络中,让农民强制性流转土地参与到旅游业中来,大大提高了收入风险。旅游业需要对从业者进行全面且专业的技能培训,让村民明晰乡村旅游发展的理念和条件。此外,政府、旅游企业和旅游规划者在制定规划和决策的过程中存在逐渐排他化、边缘化当地村民的情况,唯有从经济、心理、社会、政治(孙九霞,2008)四方面为处于弱势地位的村民赋权甚至增权,才能真正实现乡村旅游内核主体的发展。因此,在赋权维度下选取年人均旅游收入、旅游组织数量、旅游技能培训次数、参与旅游决策 4 个指标反映居民个体和社区整体的经济、心理、社会和政治的受益程度。

(四)内生性维度

乡村旅游的内生潜力是促进乡村发展的基石。旅游业的多元化扩张通过物质交换、信息传输、资源配置与文化传播等对乡村施以更为深入与频繁的人为扰动之外（王成等，2020），旅游型乡村自然资源的薄弱、交通运输的不便、区际联系的封闭等不利条件，严重制约着乡村旅游的可持续发展。内生性自我调适以最大限度维持功能结构的稳定与发展水平的稳步上升，促使旅游系统具有由原有的均衡状态向更强大、更具生命力的新均衡状态转变的可持续发展能力。旅游资源丰裕度为旅游自然本底，旅游业从业者规模为旅游支撑力量，自主经营为旅游创收条件，共同构成"人—地—业"协同互动的内生主导力量发展潜力。因此，在内生性维度下选取旅游就业人数本村村民占比、自主经营旅游企业数量、A级景区数量3个指标反映本地居民旅游参与水平和自主经营能力及当地旅游资源禀赋。

（五）嵌入性维度

嵌入性从社会学移植到人文地理学引致20世纪90年代初人文地理学的"制度转向"（刘逸，2018）。嵌入性是指经济活动嵌入地方地域系统的程度，表征为经济形式、文化延续、生态环境等深受这一动态发展过程影响（Granovetter M.，1985；Polanyi K.，1944），嵌入的程度决定了行动者的行为逻辑与方式受地域环境影响的深浅。在乡村旅游发展过程中，嵌入性越高的村庄旅游业影响乡村本身发展的完整性和连贯性的程度越高，表征为乡村自然风貌、文化景观、生活方式和经济结构的嬗变，逐步向旅游多要素耦合协调发展。此外，乡村旅游政策地位逐步提高，分管部门组织方式也日趋多元。旅游型乡村以促进旅游协调发展和带动村民经济稳步提升为目标，制定并颁布了一系列符合当地发展定位的旅游政策。因此，在嵌入性维度下选取旅游影响居民生活、旅游影响地方经济、旅游影响地方文化、旅游影响生态环境、旅游影响地方形象、旅游发展相关制度6个指标反映本地居民对旅游发展改变村民生活的程度，给当地带来经济效益、文化效益、生态环境效益的感知和旅游发展宣传推广地方形象的能力等。

（六）互补性维度

主客关系（host-guest interaction）是旅游活动研究中的热点话题，旅游行为中东道主和游客通过交流活动产生关系联结（孙九霞，2012）。英国社会学家约翰（John Urry）在1992年将柯福的医学凝视嫁接到旅游学研究中形成旅游凝视理论，认为旅游是人们去非惯常环境凝视自己原本生活环境中接触不到的文化景观符号。游客对旅游型乡村主体的观察凝视逐步转化为当地居民生产生活和基础设施改善的动力来源。不同籍贯、年龄和社会地位的游客在语言行为上冲击着当地村民的价值认知。这类主客良性互动促使旅游从业者不断吸收、反思着现代文明的发展观念，意图打造绿色文明、精致特色的新式旅游乡村，当地在长期的开发经验积累中，其文化自信和文化活力得到了不断增强。因此，在互补性维度下选取游客向居民分享生活、游客参与地方居民生活、旅游设施便利居民生活3个指标反映游客在旅游过程中的交流分享和旅游发展的基础设施建设对本地居民日常生产、生活的影响等。

表3.3　　　　乡村旅游融合性测度评价指标体系

维度	具体指标	指标阐释	权重（%）	指标编号	性质
网络	村委会与旅游企业合作	反映村委会与企业间合作发展旅游的能力	3.021	x_1	+
	居民与旅游企业合作	反映居民与企业间合作发展旅游的能力	3.314	x_2	+
	村委会间合作	反映本村与他村之间合作发展旅游的能力	4.083	x_3	+
	居民间合作	反映居民之间合作发展旅游的能力	1.723	x_4	+
	旅游企业间合作	反映旅游企业之间合作发展旅游的能力	2.979	x_5	+
	乡村旅游集体会议频率	反映村干部间发展旅游的关系联结	4.548	x_6	+

续表

维度	具体指标	指标阐释	权重（%）	指标编号	性质
规模	旅游建设用地面积（km²）	反映用于旅游发展的土地规模	3.438	x_7	+
	生态保护用地面积（km²）	反映乡村旅游用地扩展受到限制	1.457	x_8	+
	年旅游接待人次（人/年）	反映乡村旅游发展规模	3.151	x_9	+
	年旅游总收入（万元）	反映乡村旅游收益能力	2.814	x_{10}	+
	单日可接待人数（人）	反映乡村旅游服务接待能力	2.455	x_{11}	+
	接待床位数量（张）	反映乡村接待过夜游客的能力	3.492	x_{12}	+
	乡村旅游业就业人数（人）	反映乡村旅游人力资源水平	3.918	x_{13}	+
赋权	年人均旅游收入（元/人）	反映居民个体在乡村旅游中的经济收益	3.819	x_{14}	+
	旅游组织（合作社、旅行社）数量（个）	反映社区整体在乡村旅游中的社会收益	2.217	x_{15}	+
	旅游技能培训次数（次）	反映居民个体在乡村旅游中的心理收益	3.187	x_{16}	+
	参与旅游决策次数（次）	反映旅游参与主体在乡村旅游中的政治收益	2.699	x_{17}	+
内生性	旅游就业人数本村村民占比（%）	反映本地居民旅游参与水平	4.859	x_{18}	+
	自主经营旅游企业（农家乐、酒店等）数量（个）	反映本地居民自主经营能力	9.591	x_{19}	+
	A级景区数量（个）	反映当地旅游资源禀赋	9.476	x_{20}	+
嵌入性	旅游影响居民生活	反映居民对旅游发展改变生活程度的感知	2.049	x_{21}	+
	旅游影响地方经济	反映居民对旅游发展给当地带来经济效益的感知	4.090	x_{22}	+
	旅游影响地方文化	反映居民对旅游发展给当地带来文化效益的感知	1.228	x_{23}	+
	旅游影响生态环境	反映居民对旅游发展给当地带来生态环境效益的感知	0.854	x_{24}	+
	旅游影响地方形象	反映旅游发展宣传推广地方形象的能力	2.330	x_{25}	+
	旅游发展相关制度	旅游发展相关制度可以减少旅游环境的不确定性	8.567	x_{26}	+
互补性	游客向居民分享生活	游客向居民分享自身的生活与文化等	1.885	x_{27}	+
	游客参与地方居民生活	游客在旅游过程中参与本地居民的日常生产、生活	2.176	x_{28}	+
	旅游设施便利居民生活	旅游发展提供的资源和设施利于居民生产、生活	0.581	x_{29}	+

第五节　数据来源与处理

一　数据来源

（一）融合性基础数据库建立

本书涉及的年旅游总收入、年旅游接待人次、乡村旅游业就业人数、地方生产总值等社会经济数据来自课题组前往潜山市各镇（乡）、样本村所搜集的一手数据，部分旅游相关数据来自潜山市人民政府官方网站（https：//www.qss.gov.cn/）。罗田县由于官方网站没有可直接获取统计数据的途径，所有数据皆是课题组前往罗田县各镇（乡）统计站、样本村村委会所收集的一手资料。由于2021年农业农村经济年度统计报表尚未完成，以2020年村域数据为基础形成本研究所需数据库。在前期（2015—2019年）大别山区3省6市乡村旅游业发展调研的基础上，为收集样本村旅游业发展状况、居民参与旅游决策、旅游影响感知、游客旅游体验等信息，课题组分别于2021年4月16日至5月8日前往潜山市，2021年11月17日至12月15日前往罗田县，主要采取问卷调查、参与式观察和半结构式访谈等方法对案例地开展了数次野外调查。

（二）样本村选取

为探究不同乡镇、不同地形地貌、不同旅游开发时段、不同旅游资源依托类型、不同村域经济发展水平下的村落乡村旅游融合性的差异，本书采用简单随机抽样与分层抽样相结合的方法抽取样本（胡西武等，2020）。首先，按照简单随机抽样得到潜山市47个样本村并实际走访，然后分层抽样并结合野外考察实际，剔除尚未发展乡村旅游的村落（见表3.4），其中，对旅游开发时段与经济发展水平按照旅游发展开启年份与乡村2019年GDP采用自然断裂点进行划分,形成了 35 个乡村旅游样本村。

表 3.4　　　　　　　　　潜山市村落抽样类型

地形地貌类型	数量(个)	旅游开发时段	数量(个)	资源依托类型	数量(个)	经济发展水平	数量(个)
山地为主	18	初始期	20	旅游资源	8	低	14
丘陵为主	10	发展期	11	交通廊道	16	中	16
平原为主	7	成熟期	4	美丽乡村	6	高	5
				优势产业	5		

课题组在按照简单随机抽样得到罗田县 82 个样本村的基础上,剔除存在尚未发展乡村旅游,乡村道路修缮、山势险峻难到达,村委会换届、村干部入户工作或开会,极少数干部拒绝提供相关资料或不配合访谈等多重原因的村落（见表3.5）,其中,对旅游开发时段与经济发展水平按照旅游发展开启年份与乡村 2020 年 GDP 采用自然断裂点进行划分,最终形成了 17 个"有效"乡村旅游融合性测度样本村。

表 3.5　　　　　　　　　罗田县村落抽样类型

地形地貌类型	数量(个)	旅游开发时段	数量(个)	资源依托类型	数量(个)	经济发展水平	数量(个)
山地为主	8	初始期	6	旅游资源	3	低	8
丘陵为主	6	发展期	6	交通廊道	2	中	5
平原为主	3	成熟期	5	优势产业	12	高	4

二　数据清洗与处理

（一）问卷数据李克特量表赋值

量表是调查研究中重要的测量工具之一。1932 年李克特（Likert,1932）提出的李克特量表（Likert Scale）测量方式目前广泛应用于教育质量评价、市场调查、环境评估等领域。李克特量表最基础的测量方式是让回答者从主观或者客观角度去表示出其对列出的某一问题选项的偏好程度。每个问题惯常设置5个选项，对应5点式量表，分别以1—5（非常不同意到非常同意）表示回答者对测量问题态度的强弱程度。本书将量表应用于乡村旅游融合性测度中，乡村旅游融合性测度调查问卷囊括了网络维度、嵌入性维度和互补性维度中的大量指标，每个问题的A—E选项对应1—5或者5—1的数据赋值。

（二）统计数据缺失值补充及异常值预处理

野外实地考察中，由于潜山市和罗田县村域单元社会经济和旅游业发展相关数据尚未形成系统的、完整的和详细的数据库，部分模糊性数据是乡村干部、当地村民口头回答的概数和某些村农业农村经济数据统计报表中的信手一笔，初步整理后的原始数据质量有待进一步预处理，否则会影响测度结果的有效性和准确性。一是某村某项指标存在缺失值，本书对存在指标值缺失率极高的样本村进行样本村剔除，对指标值缺失率较低的样本村缺失值采用平均值插补。二是某村某项指标存在个别明显偏离其他观测值的离群点，本书通过异常值识别，并依据该村实际发展水平进行异常值替换。于是形成由 n 个乡村旅游融合性测度样本村和 m 个测度指标构成的初始矩阵 $\boldsymbol{X}$。

$$\boldsymbol{X} = \{x_{ij}\}_{m \times n}$$

式中：x_{ij} 为第 i 个样本村的第 j 项指标的值（$i=1,2,\cdots,n;j=1,2,\cdots,m$）。某项指标的指标值 x_{ij} 的离散程度越大，即方差越大，其对乡村旅游融合性测度结果的影响程度越大，则该项指标权重越大。

(三) 统计数据标准化处理

由于原始数据的指标单位和指标效应的不同，乡村旅游融合性评价指标体系中既有正向指标，也有负向指标。考虑指标的正负向变化引起的乡村旅游融合性差异，采用极差标准法对各项指标进行无量纲化处理，其表达式如下：

当 x_{ij} 为正向指标：

$$y_{ij} = \frac{x_{ij} - \min\{x_{ij}, \cdots, x_{nj}\}}{\max\{x_{ij}, \cdots, x_{nj}\} - \min\{x_{ij}, \cdots, x_{nj}\}}$$

当 x_{ij} 为负向指标：

$$y_{ij} = \frac{\max\{x_{ij}, \cdots, x_{nj}\} - x_{ij}}{\max\{x_{ij}, \cdots, x_{nj}\} - \min\{x_{ij}, \cdots, x_{nj}\}}$$

式中：y_{ij} 为标准化之后的标准值；x_{ij} 为第 i 个样本村第 j 项评价指标的原始数据；$\max(x_{ij}, \cdots, x_{nj})$、$\min(x_{ij}, \cdots, x_{nj})$ 分别为第 j 项评价指标的最大值与最小值。

第四章　旅游引导下林区社区的演化与融合发展

第一节　林区乡村旅游与社区演化

一　经济转型与旅游开发：发展脉络

国有林场建立60多年来，中国社会经济在改革开放及系列政策的引导与促进下得到了快速发展。案例地乡村社区在相对偏远的林乡交错环境中经历了国有林场建立、旅游发展、企业入驻、林场改革、精准扶贫与全域旅游等时代背景与区域发展策略的叠加过程，社区关系联结、居民生计方式、地域共同体边界与主体认同等在不同时期呈现出差异化的特征，地理环境、政策叠加与旅游发展等对其产生了深刻且深远的影响。回溯案例地乡村社区发展历程，社区在发展—衰退—发展中螺旋式向前迈进，尤其是自乡村振兴战略实施以来，案例地乡村社区进入了现代化发展的新征程。为总结乡村发展经验、探寻适宜地方本底的乡村振兴之路并为其他林乡交错地域提供案例借鉴，以1993年（林场自主开发旅游业）、2007年（林场旅游业开始衰退）、2013年（林区多元主体参与旅游竞争）、2018年（政策协同与主体回归）等薄刀峰林区社会经济重要发展时间节点为划分依据,将薄刀峰林区发展划分为以下阶段:林场旅游开发之前(1959—1995 年)、自主开发合作期(1996—2006 年)、主体更替过渡期(2007—2012 年)、多元博弈竞争期(2013—2017 年)与理性回归融合期(2018 年以来)。

(一) 林场旅游开发之前(1959—1995 年)

新中国成立初期,国家提倡森林资源培育与保护和改善生态环境,为积极响应"育林"政策的号召,在原有森林与荒地的基础上,薄刀峰林场于 1959 年开始筹建,并于 1960 年正式成立,是专门从事营造林和森林管理与养护的林业事业单位。经过 30 多年的培育与发展,林区森林覆盖率逐步提高,松针粉厂、子弟小学、卫生所、电站、木材加工厂等场办社会组织和企业相继设立,生产的相关产品既满足了林场社区的需求,也能够为胜利镇生产生活提供相关产品,逐渐成为费孝通先生笔下的"乡脚"。林场社区以林业发展为核心,实现了自给自足式的发展,国家财政补贴与木材加工是林场社区居民收入的主要来源。与林区地域周边聚落居民"农业经济"为核心的生计方式的不同,林场职工及其家属与林场社区外部聚落居民互动较少,林场社区与周边乡村聚落存在明显的地域边界。

以案例地为代表的山区乡村,往往因地理位置相对偏远、生态环境较为脆弱、基础设施相对落后等成为我国的经济贫困区和发展滞后区。林场社区周边乡村聚落长期以农业生产为唯一经济来源,而农业生产受自然灾害、气候土壤与海拔坡度的影响最为深刻,从而存在较高的脆弱性。案例地虽地处大别山南部腹地,但因其"国家事业单位"的身份,由此获得的相对丰厚的"福利待遇",使林场职工在与周边乡村聚落"农村户口"身份和相对较低的农业收入的比较中,产生了较强的"身份"优越感。不同于城市与乡村间的地域差异性,林场职工与周边乡村聚落居民是乡村场域中两种身份的鲜明对比。林场社区是以血缘、地缘与业缘联结的区域共同体，林场职工间既是领导与下属关系，也可能是邻居与亲戚关系，在此期间，社区居民相互团结、互帮互助，形成了良性的社会关系网络。

（二）自主开发合作期（1996—2006年）

1996年，薄刀峰林场依托优美的自然环境与倚靠大别山特殊环境开始发展旅游业。与此同时，国家高度重视生态环境保护，林场主要任务逐步由"造林和森林资源培育"向"保护森林资源为主"转变，林场职工需求减少，大量富余职工出现。特别是20世纪90年代开始，为激发社会经济发展活力，国有林场转变为"自收自支"的事业单位，陷入既得不到事业单位正常发展应享有的国家/区域扶持政策，也得不到企事业单位应享有的自主权与经济自由的困境。在此背景下，部分林场职工相继下岗，选择外出自谋生路。

旅游业发展伊始，林场通过"贷款""提留职工工资"的形式对林区地域旅游资源进行开发。近十年的发展过程中，林场社区先后完成了景区道路、停车场、旅游厕所等旅游基础设施及游步道、索道等旅游专用设施的建设，并通过收取门票、发展餐饮与住宿等方式实现创收。用于旅游建设的林场职工的"提留工资"被承诺返还且享有旅游发展的分红，但是由于旅游建设前期是需要投入较大规模资金，林场并未兑现承诺。林场社区居民对林场开始产生不信任的态度，形成社区关系网络中的裂痕。

> 林场景区原有的道路、停车场、游步道、索道等都是我们这些人（指职工）掏工资出来修的。比如，当时我是46块钱一个月，那就得拿出24块钱出来搞旅游建设。当时，我们的主管单位是县林业局，但林场又是自收自支的，差不多林场60%的收入和职工52%的工资都得拿出来搞旅游建设。当时承

诺不仅会把工资补给我们,还会有分红。事实上,除去税收,林场的结余又拿去搞建设了,根本没钱返给我们。

——林场派出所退休所长 XAT,2016.03.23

随着林区地域旅游业的发展,旅游者的不断进入使林场社区对外界物质的需求增加,尤其是提供给旅游者的物质产品,使林场社区逐步打破相对封闭的状态,与外界特别是胜利镇之间的联系逐渐密切。在自主开发旅游过程中,林场社区居民逐步看到旅游发展带来的红利,部分拥有经济资本的居民开始自主、无序地建设农家乐、农副产品小商铺和其他餐饮设施等,增加了收入来源。同时,通过集体旅游发展过程中门票收入与索道收入的分红,林场社区在国有林场转变为"自收自支"的事业单位的背景下依旧维持生产生活的稳定。

在此期间,因旅游的发展区域内交通条件逐步改善,增加游客可进入性的同时,为林场社区居民的日常出行提供了便利。林场社区交通条件的改善比地域内其他山区乡村在时间尺度上更早,对于空间尺度而言延伸范围更为广泛。为满足游客对林区旅游中田园生活的向往与休闲康养的需求,同时游乐环境与居住环境的重叠既促使景区环境逐渐美化,也推动了林场社区的人居环境整治。

(三) 主体更替过渡期(2007—2012 年)

旅游业发展需要高额资金的投入,从而维持其持续运行。2007年开始,由于资金缺乏及门票收入下降,林场旅游业开始走"下坡"路,逐渐陷入"入不敷出"的境地,社区发展步履维艰。2011年,F 集团与罗田县人民政府签订投资协议,整体租赁薄刀峰林场及部分山地、林地、水面等用于旅游综合开发,随后进行了为期 2 年的闭园改造。2013 年 4 月,薄刀峰景区(被评为 AAAA 级旅游景区)重新开园。从 2006 年开始,林场自主经营的旅游业在资金的限制下已逐渐乏力，林场职工"主动"离开或"被动"下岗，在此背景下，景区整体在县政府的支持下转变发展模式，由林场自主经营向市场主体入驻转变。在此期间，林场社区发展处于停滞阶段，闭园改造不可避免地导致门票收入与索道收入分红的减少，且林场社区内的餐饮设施由于没有游客处于停摆状态，居民生活质量下降，增加了景区"转制"的阻力。

> 当时给了那些人（职工）半年的生活费（门票和索道，直接停的）。但是像我们这些管理人员，还在帮助景区搬迁，做些后续的工作。那时我们这些管理人员可累啦！白天、黑夜都在处理搬迁的工作。半夜还要起来做他们的思想工作。
> ——林场办公室主任CYL，2016.03.22

虽然景区在转变发展模式中面临的阻力具有多样化的特征，但在林场旅游业衰退和闭园改造的情境下，林场社区内多元主体对"转制"的不满处于可承受的范围之内，没有产生较大的矛盾而导致"转制"的停滞。首先，罗田县政府全力支持F集团进驻景区，并对景区进行改造与升级，伴随景区升级带来的景区公路的修建给林场社区及周边社区居民带来了更多的正外部效益，特别是大别山红色旅游公路的修建，便捷了公路沿线居民的出行。其次，林场对社区居民给予一定的"安抚"，尤其是林场职工能够获得林场生活费用补助。为使景区整体环境优美，F集团承诺对林场社区内的"棚户区"进行改造。景区闭园改造与升级期间，企业与居民都没有从旅游业发展中获取红利，因此各主体间关系较为融洽，良好的社会联结也削弱了"转制"的阻力。最后，山区、林区乡村居民依旧身处"打工潮"，并从中获得了可观的收入，外出务工收入成为大多数乡村居民收入的主要来源。而此时国际金融危机对经济的冲击逐步消退，国内经济全面复苏，产业的快速发展尤其是劳动力密集型产业急需大量劳动力，形成了较好的外出务工的社会环境。且景区"转制"期间引致的林场下岗职工大多数为"林二代"，林场社区的第二代子女多处于30—40岁身强力壮的阶段，备受劳动力市场的欢迎。

林场社区发展在景区"转制"过程中发展较为缓慢，且发展的推动力来自企业的进驻与外界资本的注入，发展模式在此期间产生更替，逐步由林场自主经营转变为市场主体经营，经营模式的变化引致场域主体产生更替。林场社区虽在经济发展水平上呈现较为缓慢的增长过程，但在有F集团资金注入的情况下，当地以道路为主的基础设施建设得到了较大改善，尤其是景区公路与大别山红色旅游公路为将来景区开园扩大辐射范围奠定了基础。

（四）多元博弈竞争期（2013—2017年）

在历经闭园改造后，薄刀峰景区于2013年4月开园。几年时间里，通过林场管理者的集体努力，实现了旅游经营权由林场到F集团的顺利扭转。但是在此期间，由于多种原因，特别是林场发展旅游业十几年来，产生的"提留"工资补偿不到位和安置房价格的"不合理"给政府后期工作、景区原有职工的生活及企业的持续经营造成了较大的影响。

随着旅游业的发展，政府、企业、林场社区职工、林场周边居民等利益主体由于多重协商不到位使林场社区关系的复杂化与矛盾化，林场社区社会经济发展的速度滞后于旅游业发展的速度。林场社区职工特别是退休职工的生活没有得到应有的保障，林场社区的人居环境与居民收入甚至开始落后于林场周边乡村社区，基础设施的落后、地理位置的偏远与生计选择的限制性逐步导致林场社区衰败现象的产生。

（五）理性回归融合期（2018年以来）

2018年，随着《中共中央　国务院关于实施乡村振兴战略的意见》的印发，一系列指导乡村振兴的国家政策对乡村旅游的发展指明了方向。地方政府在深刻领会政策文件核心内涵的基础上，因地制宜地制定并实施具有地方性特色的促进乡村振兴的政策，林场社区由于行政区划的特殊性，一开始没有享受到乡村振兴系列政策带来的福利，被排挤在政策辐射范围之外，成为边缘地带。

在此期间F集团在景区的旅游经营方式进行了转变，摒弃了传统的"门票经济"，更改了景区门票检查地点，大别山红色旅游公路的薄刀峰林区片段开始"解封"。林场职工与社区居民在与"过去的林区"和"其他林区"在经济收入、人居环境和旅游收益等横纵对比中，获得感与满足感都有了显著的提升，对林区旅游业发展的前景也表现得更为乐观，对林区生态资源的保护更加重视，对外来投资企业的态度更加理性。林区旅游业的发展带来的直接效益与间接效益吸引了部分在外务工的林场社区的农民工的"回流"。

> 以前，F集团一进来，就开始建房子卖，大家都说它在炒房子。现在从天堂寨一看，它在旅游线路、营销等各个方面都是投入了的。就薄刀峰景区来说，没有它投资的话，应该还没有现在这么好！
>
> ——村民CYH，2019.01.25

二　政策叠加与旅游发展：生计变迁

薄刀峰林场自1960年正式成立以来，中国乡村地域的社会经济在改革开放、精准扶贫、乡村振兴等系列政策的引导与促进下得到了快速发展并取得了巨大成就。上述政策在林场社区实施效果的显现，也对薄刀峰林场旅游业发展、林场社区脱贫攻坚历程与社区居民生计方式的变迁产生了深刻的影响。案例地薄刀峰林场主要政策及影响如表4.1所示。

表4.1 薄刀峰林场主要政策及影响

年份	政策	政策核心内涵	对林场社区的主要影响
1959	林场建立	为加快森林资源培育，保护和改善生态，在重点生态脆弱区和大面积集中连片国有荒山荒地上建立国有森林营造、管护事业单位	林区森林覆盖率得到大大提高，林场相继建立子弟小学、卫生所、电站、木材加工厂等场办社会组织和企业
1996	旅游开发	应对"自收自支"的困难，由林场发起，依托林区良好生态资源，通过"提留"工资、"贷款"等形式，开发旅游业	林场社区内部道路、景观逐步完善；主体"分流"；生计方式由"林业经济"向"林业经济+旅游经济"转变；主体间"信任"与"怀疑"并存
2000	禁伐限伐	国家对生态重要和脆弱地区森林资源实行禁伐、限伐政策。林场主要任务转为以生态保护为主，造林和木材采伐等生产任务减少	林场富余职工大量增加，发展陷入困境；政策边缘化、职工贫困化问题十分突出。居民（职工）生计资源受到限制，以木（竹）材砍伐、经营为主的生计来源已经不复存在
2011	企业入驻	县政府招商F集团对薄刀峰进行整体旅游开发与经营，按协议企业每年支付林场保底资金150万元和旅游经营收入30%的税后利润	林区旅游经营主体、道路变迁带来共同体边界的拓展；林场社区主体日渐多元化；原有大部分共同体成员生计方式丧失；主体间关系日益复杂，矛盾凸显
2015	精准扶贫	国家针对不同贫困区域环境、农户状况，对贫困对象实施精准识别、精确帮扶、精确管理的贫困治理方式	"代管村"与林场身份的独特性，出现了"相对剥夺"与"政策性"排斥；最贫困区域与群体享受不到国家政策红利；林区"经济塌陷""关系恶化"明显
2015	林场改革	基于国有林场重要生态地位、可持续发展面临的严峻挑战展开的以保护生态、保障职工生活为目标的体制改革	林场行政区划调整，乱石河与龚家冲两个"代管村"重新划入胜利镇；林场政事、事企剥离（该政策于2017年在薄刀峰林场得到有效落实）
2016	全域旅游	将区域（县域）作为旅游目的地来建设，以实现产业融合发展、社会共建共享，带动和促进经济社会协调发展的旅游发展战略	景区周边，以景区旅游公路为依托，以五条路村、龚家冲村为重点区域，开始了新一轮大规模的农家乐建设；社区关系紧张，景观、生态环境遭到严重破坏

续表

年份	政策	政策核心内涵	对林场社区的主要影响
2017	乡村振兴	国家基于乡村地域系统特征及其重要性，以及日益严峻的"乡村病"问题，以推进城乡融合与乡村持续发展为目标的重大发展战略	"代管村"以新的"身份"参与乡村建设；林区生态价值凸显，生态认同逐步形成，生态保护得到重视；林区空间、产业结构逐步优化，主体联结更加紧密

整体而言，林场社区在旅游业发展的驱动下，社区居民生计由传统林木经济的单一生计模式向林木粗加工、林下经济、旅游经济及务工经济等多元生计模式转变。而国家及地方政府的系列政策对薄刀峰林场旅游业的发展产生了较大的影响，林区旅游业的开发、成长、成熟、衰退、停滞与复苏的不同发展阶段的社会情境影响了社区居民的生计选择与生计组合。

在林场旅游业开发之前，林场社区相对封闭，社区居民的收入来源主要为国家财政补贴与木材加工，而林场周边社区居民以传统农业经济为主。林场社区的木材加工停留在粗加工、浅加工层面，且多以原木销售为主，因产业链的有限性，对社区居民福祉的提升也是有限的。但是相较同时期林场社区以外的乡村社区地域，仅以传统农耕来实现自给自足式的发展，林业经济毋庸置疑成为林场社区居民引以为傲的生计资本。

林区旅游业开发后，禁伐政策也紧随其后，林业经济开始受到冲击，取而代之的是务工经济与旅游经济。禁伐政策出台后，部分林场社区职工下岗，受到林场周边乡村社区居民外出务工收入渐增的吸引，林场社区职工选择外出务工自谋生路。在十多年的旅游开发中，林场基础设施与旅游专用设施逐步完善，林场通过景区门票收入、餐饮收入及薄刀峰酒店等住宿接待设施实现创收。林场社区居民通过森林培育获取事业单位工资，参与旅游业发展，获取门票、索道与餐饮分红，经营个体农副产品与小商品获取营业收入，生计选择日渐多样化。与此同时，林区旅游业的初步发展是通过"贷款""提留"职工工资的形式，因此事业单位工资发放的不到位，一定程度上抑制了林场社区居民生计资本的增加，影响了生计可持续性。

在自主开发后期与外界资本介入前期的主体更替过渡阶段，仅靠门票收入难以维系林区旅游业的持续运转，资本的缺乏更是使林区旅游业发展陷入"入不敷出"的困境。罗田县人民政府引入外界资本（F集团），通过租赁的形式吸引F集团的投资，薄刀峰林场景区开始闭园改造。在此期间，林场社区居民无法通过参与旅游业发展获取收入，纷纷外出务工以维持生计，此时林场社区居民生计是较为脆弱的，形成人力资源转化为生计资本的生计模式。

在多元利益主体协商时期与主体理性回归融合时期，多样化的生计方式经历了由逐步形成到巩固加强的过程。林场改革之前，林场社区职工承担森林养护的责任，并获取收入；林场改革后，部分社区职工下岗，所需职工人数减少，因此仅有部分居民通过森林养护获取收入。在林场旅游业的发展过程中，林场社区及林场周边乡村居民自主建设农家乐、农副产品专卖店等参与旅游业发展并获取收入，成为林场社区居民的重要生计方式。部分居民依托薄刀峰的地理优势在农家乐周边土地进行中药材种植（主要是喜阴、喜湿药材，如天麻），在为游客提供餐饮的同时，向游客销售地方特色林副产品（竹笋）与中药材。

随着林区旅游业的发展，旅游景区基础设施日益完善，在修建旅游公路与旅游专用设施时，雇用部分当地居民。因此，部分林场社区居民在从事传统种养殖业的同时，在建设工地以短期务工的形式获取农业经济之外的收入，增加了生计选择的多样性。部分林场社区的年轻人（以"林三代"为主）凭借自身的人力资源和学得的知识与技术，仍主要选择外出长期务工，来获取可观的收入。林场社区居民在此过程中逐渐形成了"森林养护+农副产品种植（经营)+林下经济+旅游参与+务工(季节性与长期性)"多样化的生计组合,林场社区居民生计选择的自由性得以提高,生计模式的灵活性进一步增强,并削弱了生计脆弱性。

综合来看,林区旅游开发之前,林场职工主要以林业培育、养护获取工资性收入,以场办企业获得"分红"与"福利"。国家禁伐政策的实施及2005年场办企业的相继关闭,林场债务负担日益加重,林场职工生计资本基本丧失。由于林区地域偏僻、山地垂直气候明显、基础设施落后、居民文化水平较低等,旅游开发之前,林区居民收入主要以"种植经济"与"打工经济"为主,生计资源贫乏,生计选择困难,生计风险较大。在旅游开发与国家相关政策的作用下,扩大后的林区地域共同体主体生计多样性、自由度与可持续性大大增强。身份与地域限制弱化后的林场正式职工可以按事业单位编制职工享受相关足额待遇,村庄贫困户可以均等享受国家精准扶贫、全域旅游等带来的政策"兜底"、财政"补贴"、技术"支持"等相关红利,林场社区内的其他群体可以通过开办农家乐、种植(经营)农副产品(旅游纪念品)、务工(森林养护、防火、卫生、林区建设与运营)等形式参与到林区旅游业发展与乡村建设之中,生计资源的日趋丰富与生计选择的日益灵活,增加了林区乡村地域主体生计的可持续性。

三 地域边界与主体认同:社区演化

薄刀峰林场社区是以林区旅游资源和旅游活动为载体与纽带,林场职工与周边居民以"共同在场"的方式形成的逐步扩大、统合的地域共同体,是以林区地域为核心,基于生态资源培育、养护、旅游开发而建立的社会团体结构与关系性群体。从林场建立到林区旅游业开发,再到旅游业发展受阻与复苏的过程中,林场社区共同体成员的主体认同在人与人的互动、人与地的耦合中发生嬗变，政治边界、经济边界、文化边界等地域边界在林区地域共同体建构、解构与重构的过程中产生变迁，两者共同表征林场社区的动态演化进程。

自薄刀峰林场成立以来，经过30多年的发展，林区森林覆盖率大大提高，各种场办组织相继成立，基于业缘的林场地域共同体得以建立和发展。在旅游业开发之前，林场社区呈现出以场区为清晰的地域边界，地理边界、政治边界和经济边界等高度重叠。林场社区成员与场区外部居民互动较少，具有明显的边界意识。林场社区职工因"国家事业单位工人"的身份、相较场区外部居民以"农业经济"谋生具有相对丰厚的工资和福利，社区成员对林场地域环境与现有的生产、生活方式产生了高度的认同感。基于业缘、地缘与亲缘关系相对封闭的林场社区主体之间形成了强大的凝聚力，林场职工之间主要是领导与下属的关系，同时也是同事与亲戚的关系，社区关系十分融洽。

林区旅游业开始发展后，且伴随着禁伐政策的实施，林场的管理与经营模式日渐窘迫。20世纪90年代后期，国家高度重视生态建设与保护，林场的主要任务由"造林和资源培育"向"森林资源保护为主"转变，各地林场富余职工大量增加。旅游业的发展促使林场社区由传统场域向旅游场域转变，社区内开始出现游客群体，主体间的互动更为频繁与深刻，林场社区的经济稍有拓展，但在旅游业开发初期表现并不明显。林场职工的"被动下岗""主动退出""旅游参与"引发了林场社区关系的分裂与重构，在林区旅游业管理与经营的过程中，一些干部（及其子女）与普通职工之间在工种、收入分配、旅游专用设施建设权利等方面不可避免地存在不公平的现象，由此产生林场社区内部主体间的怀疑与冲突。但在林场自主经营旅游业的模式下，林场社区主体仍较为单一，因此社区关系以信任、合作为主。国家事业单位向自主经营旅游业的发展历程中，社区内部同事、亲戚关系逐步向经济关系转化，林场社区居民由基于业缘、地缘与亲缘的强烈的身份认同向业缘占据主导地位的业态认同转变。

薄刀峰景区在引入外界资本进行闭园改造期间，景区道路相继开通与优化，特别是大别山红色旅游公路的建设，使景区内外围绕旅游所展开的经济交流与社会互动日益频繁，彻底打破了林场原本相对封闭的状态，林场社区的地理边界、经济边界等迅速扩展。但是，由于旅游业发展的颓靡、外界资本介入后对当地旅游资源与社区参与机会的挤占，旅游场域中原有的林场职工（家属）为主的大部分旅游参与人员纷纷下岗，失去生计来源，生活日益陷入窘境。林场社区内主体逐渐多元化，原有的社区关系因外界主体的进入而受到冲击，社区凝聚力与共同体意识逐步弱化，林场社区居民的身份认同感与业态认同感逐渐降低。主体更替过渡期间，林场经历了经营与管理性质的转变，各主体间无实质利益上的冲突与矛盾，各主体间关系较为平和，主要表现为话语权的博弈。

薄刀峰景区重新开园后，旅游业在多重政策叠加作用下发展较为迅速。旅游业发展带来的城乡间的人流、物流、信息流等构成的"流空间"扩大，使林场社区地域边界进一步拓展，主要是经济边界，体现为林场旅游业发展对周边乡村地域的辐射与林场社区在旅游驱动下与周边乡村社区的互动。林场社区关系在此期间逐步复杂化，各类矛盾出现，冲突频发。

一方面，薄刀峰及多个地域整体租赁给F集团到闭园改造再到重新开园营业的较为漫长的过程中，由于政府人事变动、政府与企业之间合约履行不到位等，企业驻景区负责人与政府代表在协商与博弈中影响着旅游场域的演变。另一方面，在林场社区内部，旅游业发展过程中的多种问题悬而未决，导致林场社区职工与企业之间，特别是职工群体中的第一代与第二代对企业存在"折射性"仇恨和报复性心理，"堵路"事件更是在一段时间内影响了薄刀峰景区的正常运转。由于薄刀峰林场旅游业发展的辐射范围逐渐扩大，林场社区及周边社区居民也相继自主兴建、扩建农家乐，尤以林场社区内部为甚，与乡村干部间展开了以"农家乐许可"为核心的博弈。林场社区居民的地方认同在复杂的社会关系与矛盾中逐步削弱，对以旅游业为核心的业态认同感也就大不如前。

薄刀峰景区在旅游发展宏观环境与政策影响下经营与管理方式的转变推动了旅游业与第一、第二产业的融合发展，同时缓和了林场社区多元主体间的复杂关系。在旅游业的持续驱动下，林场社区地域边界已由旅游业发展初期的"点—轴"（核心景区—旅游通道）向"点—轴—面"（林场核心景区—旅游廊道—林场景区辐射区域）拓展，且传统的自然边界、行政边界逐步弱化，边界日益模糊。林场社区与外界地域的联系日益频繁与紧密，林场社区居民、外来企业、本底商户之间场域内部的横向关系和居民（职工）、村干部、乡镇干部（林场干部）、县级领导之间的异质区域的纵向沟通得到有效改善。在健康有序的旅游开发引导下，林区传统社区文化价值被激发，并与现代文化高度融合，重塑林场社区的公共精神与共同意志，强化了地域主体的文化认同。如今，林场职工及林场周边社区居民不断改变以往"以出生农村为耻辱"的传统观念与认知，高度认同"绿水青山"的经济价值、生态价值与美学价值，以"生于斯、长于斯"为荣，也更享受社区清洁的空气、适宜的温度与闲适的生活。

> 他们（村民）就像候鸟一样，到了旅游旺季的时候大部分就都回来了。一方面，他们自己节假日回家；另一方面，他们在外面会对薄刀峰做一些宣传，节假日都会带一些朋友回家。这

种现象大约从17年开始。这两年交通条件、家里的环境也都好了，现在回来的人也就多了，外地朋友在我们家待了之后，都说好。

——罗田县九资河镇五条路村农家乐老板WP，2021.04.18

第二节 乡村旅游融合性水平空间格局与影响机理

一 测度结果与空间差异

（一）乡村旅游融合性总体水平评价

依据上述乡村旅游融合性测算分级方法，计算得出罗田县与潜山市样本村各村域单元乡村旅游融合性得分情况（表4.2、表4.3）。由表4.2可知，潜山市乡村旅游融合性得分最高值为76.945，最低值为13.241，35个样本村乡村旅游融合性得分均值为26.459，有21个村得分在均值以下，占比达60%，整体而言，潜山市乡村旅游融合性水平较低，尚有较大提升空间。潜山市乡村旅游融合性得分最高的茶庄村和仅次于茶庄村的风景村与林庄村差距较大。潜山市乡村旅游融合性得分最高的5个村落均值为49.457，得分最低的5个村落均值为14.8238，潜山市乡村旅游融合性得分差异性显著。

由表4.3可知，罗田县乡村旅游融合性得分最高的村落是燕窝湾村，为75.589；得分最低的是冈家河村，为12.338，17个样本村乡村旅游融合性得分均值为27.350，相较于潜山市乡村旅游融合性水平，罗田县各样本村乡村旅游融合性水平不均衡性更强，差异更为显著。仅有6个样本村乡村旅游融合性得分高于均值，占比为35.294%。燕窝湾村乡村旅游融合性得分独占鳌头，较乡村旅游融合性得分第二高的圣人堂村高出约30分，新冠疫情发生以来，罗田县西北隅的薄刀峰景区与天堂寨景区受到较大的影响，就罗田县整体而言,仅燕窝湾村近两年来乡村旅游发展势头良好,也因此出现了燕窝湾村乡村旅游融合性得分出现"独占鳌头"的情况,多数样本村乡村旅游融合性得分情况不如潜山市,而从潜山市乡村旅游融合性得分情况来看,两个县市的乡村旅游融合性得分均有较大提升空间。

表4.2　　　　潜山市乡村旅游融合性及各维度得分

样本村	乡村旅游融合性	网络维度	规模维度	赋权维度	内生性维度	嵌入性维度	互补性维度
林庄村	44.848	12.618	8.878	5.637	5.707	8.561	3.445
茶庄村	76.945	17.746	17.041	12.745	14.184	11.418	3.808
风景村	48.895	14.204	11.007	6.610	5.358	8.739	2.974
龙湾村	27.529	10.219	4.057	3.700	1.516	4.843	3.191
万涧村	39.214	12.436	3.989	4.915	5.601	8.463	3.808
黄岭村	18.770	6.637	2.623	1.463	3.835	1.889	2.321
岭头村	16.725	4.033	3.062	1.485	4.166	2.852	1.124
田墩村	16.230	4.083	4.803	3.148	0.191	2.515	1.487
源潭村	19.816	2.137	7.735	2.552	3.945	2.174	1.270
路口村	28.977	7.670	4.051	1.535	4.545	7.729	3.445
塔畈村	27.298	10.768	4.726	1.462	2.951	3.980	3.409
板仓村	32.518	10.49	4.110	2.040	6.201	6.231	3.445
倪河村	25.603	9.311	2.719	5.210	0.411	4.867	3.083
天堂村	13.997	4.385	3.134	1.527	0.411	3.775	0.762
马潭村	36.412	7.274	8.538	5.491	2.999	9.024	3.083
官庄村	32.751	8.010	4.829	2.035	7.634	6.942	3.300
金城村	22.206	5.091	4.853	2.529	3.330	4.551	1.850
平峰村	25.919	6.704	3.582	3.082	4.496	5.587	2.466
日光村	19.694	3.345	3.393	2.569	4.655	3.879	1.850
龙关村	19.900	4.410	3.392	2.006	4.166	4.438	1.487
槎水村	19.684	3.443	4.871	2.002	4.166	4.075	1.124
油坊村	23.450	5.281	3.451	4.689	4.545	3.016	2.466

续表

样本村	乡村旅游融合性	网络维度	规模维度	赋权维度	内生性维度	嵌入性维度	互补性维度
乐明村	34.698	9.471	6.268	7.002	2.730	5.417	3.808
昆仑村	16.053	3.653	4.660	2.629	0.411	3.212	1.487
黄泥居委会	13.241	4.633	3.713	1.469	0.301	2.361	0.762
龙坦村	18.721	2.137	4.759	2.544	5.270	2.377	1.632
程家井村	15.453	2.137	3.618	1.503	4.214	3.072	0.907
薛家岗村	15.375	4.385	3.209	2.547	1.121	3.202	0.907
黄埔村	37.385	12.638	4.361	4.785	6.421	6.096	3.083
望虎村	26.342	6.411	4.167	3.646	4.435	5.578	2.104
云峰村	29.275	8.987	5.307	2.673	5.711	3.874	2.720
红星村	17.747	5.059	3.812	1.537	0.742	4.383	2.212
吴塘村	18.288	2.137	2.677	2.642	5.160	4.037	1.632
凤凰村	18.529	4.118	3.427	1.719	5.160	2.978	1.124
潘铺村	27.589	4.247	8.018	3.338	5.160	4.829	1.995

表4.3　　　　罗田县乡村旅游融合性及各维度得分

样本村	乡村旅游融合性	网络维度	规模维度	赋权维度	内生性维度	嵌入性维度	互补性维度
闵家河村	12.338	4.207	3.341	1.497	0.680	1.234	1.378
磙石坳村	40.556	15.906	7.172	3.185	0.900	10.670	2.720
汪家咀村	20.728	5.638	3.824	3.420	0.790	4.116	2.937
古楼冲村	32.274	8.841	7.898	2.572	3.533	8.304	1.124
燕窝湾村	75.589	16.461	12.125	7.548	18.274	17.625	3.554
圣人堂村	43.420	9.542	11.180	1.860	14.170	4.381	2.284
徐凤冲村	26.059	5.195	4.441	3.960	4.527	5.504	2.430
板桥村	20.458	5.422	4.134	2.188	1.957	5.376	1.378
桥头边村	19.293	5.641	2.752	1.026	2.763	5.114	1.995
林家咀村	18.095	5.812	3.487	0.998	1.927	4.128	1.741
大雾山村	13.957	2.205	4.277	1.485	2.274	1.755	1.958

续表

样本村	乡村旅游融合性	网络维度	规模维度	赋权维度	内生性维度	嵌入性维度	互补性维度
李家咀村	21.272	6.133	5.839	2.132	1.895	4.254	1.016
上石源河村	16.948	4.009	3.003	3.172	0.680	4.086	1.995
张家垸村	33.085	8.215	9.089	2.341	4.435	7.770	1.233
新冲村	21.128	5.959	3.342	3.611	1.895	4.576	1.741
錾字石村	28.249	11.025	3.996	2.269	1.121	7.008	2.829
古羊山村	21.494	9.083	4.586	1.047	1.817	3.471	1.487

（二）乡村旅游融合性各维度测度结果

从乡村旅游融合性各维度来看，潜山市乡村旅游融合性各维度得分中，网络维度平均分最高，为6.866；互补性维度平均分最低，为2.273；同时，各维度最高分仅有互补性维度在10以下，为3.808。不难发现，当前潜山市乡村旅游发展过程中建设的设施多为旅游专用设施，较少为当地居民的生产、生活提供便利，且乡村旅游业态中，游客与居民之间的互动较为缺乏，多体现为游客单方面的观光游览，而在体验性、沉浸式等层面的旅游活动较少。以茶庄村为例，依托天柱山自然旅游资源多开发观光型旅游活动，如徒步、乘坐缆车、乘坐观光车等。茶庄村居民与游客的互动多体现为提供餐饮服务与享用地方美食间的利益捆绑式互动，茶庄村居民在天柱山镇规划的休闲娱乐综合区域开办了多家农家乐，为前来天柱山旅游的游客提供餐饮、住宿和购物等服务，也开办了有潜山市特色的农副产品专营店，但是，茶庄村居民与游客间在物质层面的互动难以深入文化与思想更深处。

此外，潜山市乡村旅游融合性各维度得分差异性均较为明显，尤以内生性维度最为明显，内生性维度得分最高为14.184，是茶庄村，而得分最低为0.191，是田墩村，两个村庄相差13.993。茶庄村位于天柱山风景名胜区的核心区域范围内,是潜山市最早一批发展乡村旅游的村落,核心景区由政府主导成立的天柱山旅游管理委员会进行经营与管理,茶庄村居民也通过建设民宿、开办农家乐与农副产品专营店等方式相继参与到乡村旅游发展过程中,景区的经营与管理也为当地居民提供了大量的就业机会,因此旅游就业人数中,当地居民占比较高,且农家乐、民宿、酒店等多为当地居民自主经营。源潭镇的田墩村在发展乡村旅游的过程中主要通过引进外来资本开发当地旅游资源,当地居民在旅游业发展中参与度较低,且田墩村乡村旅游还不具备吸引游客停留时间超过 0.5 天的能力,游客在游览过后一般不在当地进行餐饮活动,因此田墩村很少有居民开办农家乐等旅游服务场所。茶庄村与田墩村在发展时间、发展规模与发展潜力等方面存在较大差距。

罗田县乡村旅游融合性各维度得分差异性较潜山市更为显著,内生性维度得分最高为 18.374,是燕窝湾村,而得分最低为 0.680,是上石源河村和闵家河村,其中燕窝湾村和上石源河村不仅在内生性维度得分相差较大,乡村旅游融合性整体差异也较为显著。网络维度中,有三个村落得分超过 10,分别是磙石坳村、燕窝湾村和錾字石村。在规模维度层面,仅燕窝湾村与圣人堂村得分在 10 以上。就内生性维度而言,同样仅有燕窝湾村与圣人堂村得分超过 10,且其他各样本村得分均在 5 以下,甚至多数样本村内生性维度得分未达到 3,说明罗田县各样本村在发展乡村旅游的过程中居民旅游参与度较低,旅游发展成果没有惠及居民。而在嵌入性维度层面,磙石坳村和燕窝湾村得分在 10 以上,整体而言,嵌入性维度各样本村得分情况相对较好。赋权维度与互补性维度均没有样本村得分在 10 以上,且互补性维度各样本村得分均在 4 以下。

燕窝湾村每个维度得分情况均较为良好的原因在于村企联建主导下的社区型乡村旅游模式。新冠疫情发生以来,由于各地市级政府制定较为严格的疫情防控常态化措施,减少人口流动,特别旅游带来的跨区域人口流动。因此,罗田县旅游资源最为丰富的薄刀峰林区与天堂寨林区受到的影响较大,且两地均为季节性较强的旅游景区,2020—2022年由于疫情反复,当地旅游业发展处于停滞衰退阶段。而燕窝湾村在此背景下发展势头仍较为良好,其以产业融合发展为目标,以休闲农业、乡村旅游与健康养老为乡村发展的三驾马车,在村企联建的主导下逐渐形成社区型的乡村旅游目的地,不同于薄刀峰景区与天堂寨景区两地的景区型乡村旅游地,社区型乡村旅游地居民旅游参与度更高,更能共享旅游发展成果。而村企联建的形式为社区型乡村旅游地的可持续发展提供了组织和决策支持,在第一代能人返乡参与家乡建设的过程中,不断吸引更多政治、经济、教育等多领域的能人返乡,为社区型乡村旅游地的复兴提供了人才保障。由此可见,以燕窝湾村为代表的社区型乡村旅游地在应对外来冲击与扰动时的韧性更强,相较于景区型乡村旅游地更能够在复杂环境下持续发展。

(三) 美丽乡村与非美丽乡村旅游融合性比较

2008年,浙江省吉安县首次正式提出"中国美丽乡村"计划,计划的有效实施推动了吉安县乡村地域人居环境与农业生产条件的改善,促进了农业、农村、农民的现代化转型。此后,全国多个省份相继出台美丽乡村建设纲要,旨在指导乡村的建设与发展。在此情景下,各省份也针对美丽乡村建设效果进行评估,每年评选各层级"美丽乡村"称号或荣誉。美丽乡村建设作为社会主义新农村建设的升级版,其在基础设施完善、乡村景观优化、生态环境改善与传统文化传承等方面提出了更高要求,但美丽乡村与乡村旅游存在何种联系?美丽乡村建设背后存在哪些驱动因素?美丽乡村建设是否让乡村旅游地居民共享了发展成果?基于以上疑问,本书将比较被授予"美丽乡村"称号的村落与未被授予称号的村落,分析其乡村旅游融合性得分是否存在差异。在野外调研过程中,研究团队时刻思考上述疑问,并深入观察部分被授予"美丽乡村"称号村落的乡村发展与旅游发展情况。研究中的"美丽乡村"以获得省市(地级市)级"美丽乡村"称号的乡村为标准,依据调研过程中获取的资料,经整理得表4.4,潜山市与罗田县分别有15个和3个样本村被授予"美丽乡村"称号。

表4.4　　　　　　　　美丽乡村与非美丽乡村一览

县市	美丽乡村	非美丽乡村
潜山市	茶庄村,万涧村,黄埔村,望虎村,云峰村,官庄村,金城村,马潭村,龙关村,龙坦村,薛家岗村,吴塘村,潘铺村,黄岭村,昆仑村	林庄村,风景村,龙湾村,田墩村,源潭村,路口村,塔畈村,板仓村,倪河村,平峰村,日光村,天堂村,槎水村,油坊村,乐明村,黄泥居委会,程家井村,红星村,凤凰村,岭头村
罗田县	燕窝湾村,圣人堂村,錾字石村	闵家河村,磙石坳村,汪家咀村,古楼冲村,徐凤冲村,板桥村,桥头边村,林家咀村,大雾山村,李家咀村,上石源河村,张家坑村,新冲村,古羊山村

在表4.4的基础上,对比分析美丽乡村与非美丽乡村旅游融合性水平的异同,梳理被授予"美丽乡村"称号与未被授予称号的样本村的乡村旅游融合性,得到表4.5,两县市样本村中有18个被授予"美丽乡村"称号,有34个样本村未被授予称号。对潜山市和罗田县共52个样本村乡村旅游融合性综合得分及各维度得分均值进行比较,发现被授予"美丽乡村"称号的村落乡村旅游融合性综合得分及各维度得分均值整体上高于未被授予称号的村落。从乡村旅游融合性综合得分来看,美丽乡村旅游融合性综合得分均值较非美丽乡村高8.580。从各维度得分来看,美丽乡村网络、规模、赋权、内生性、嵌入性和互补性维度得分均值较非美丽乡村分别高出1.299、1.343、1.021、3.218、1.306和0.394。就数据整体差距而

言，易于得出美丽乡村与乡村旅游融合性存在线性关系的结论，那么两县市的美丽乡村建设是否助推了乡村旅游融合性的提升？课题组深入案例地样本村进行扎实的田野调研，以探索美丽乡村建设与乡村旅游融合性之间的关联。

表4.5　美丽乡村与非美丽乡村旅游融合性水平均值比较

村庄类型	样本量	乡村旅游融合性综合得分	网络维度得分	规模维度得分	赋权维度得分	内生性维度得分	嵌入性维度得分	互补性维度得分
美丽乡村	18	32.361	7.957	6.096	3.760	6.056	6.053	2.438
非美丽乡村	34	23.781	6.659	4.753	2.739	2.838	4.747	2.044
差值	—	8.580	1.299	1.343	1.021	3.218	1.306	0.394

在田野调研实践中，课题组发现案例区多个样本村开始发展乡村旅游的时间早于被授予"美丽乡村"称号的时间，而美丽乡村建设是基于乡村旅游发展的社会经济基础。在此逻辑下，乡村旅游发展驱动着乡村经济发展、交通条件改善、基础设施建设与生态环境整治等，为美丽乡村建设奠定了坚实的基础。从表4.2中可以明晰，部分被授予"美丽乡村"称号的村落，如黄岭村、龙坦村、吴塘村和昆仑村，其乡村旅游融合性综合得分分别为：18.770、18.721、18.288、16.053，低于潜山市乡村旅游融合性综合得分均值。在田野调研过程中，课题组了解到，有不少像吴塘村和昆仑村等被授予"美丽乡村"称号的村落，其人居环境十分优美，生态环境保护良好，但缺少就业机会，村落大部分年轻人选择外出务工，使当地村落成为典型的"美丽空心村"，美丽乡村建设没有为乡村旅游发展注入动力与活力。"美丽空心村"多处于乡村旅游发展的初级阶段，多以优美的自然环境吸引游客，但村落居民尚未享受到旅游发展带来的收益，因此相较外出务工获得的高额回报，当下情

景中村落居民的生计选择是有限的。如何让"美丽空心村"向"美丽富饶村"转变，让美丽乡村真正满足现代性乡愁背景下城市居民对田园生活的向往，以旅游推动美丽乡村与乡村复兴同频共振成为课题组下一阶段将要深入研究的内容。

（四）潜山市乡村旅游融合性空间分异特征

为了研究潜山市各样本村乡村旅游融合性水平的空间分异特征，依据前文涉及的测算与分级方法，将潜山市样本村乡村旅游融合性及各维度得分相关数值与 ArcGIS 中地图数据相匹配，采用自然断裂点法分成 5 级，并进行可视化表达，从而分析潜山市样本村乡村旅游融合性及各维度得分的空间格局。

1. 网络维度空间格局

潜山市乡村旅游融合性网络维度得分总体呈现出以风景村、茶庄村与万涧村等形成的中轴线的样本村得分较高、中轴线两侧的样本村得分较低的空间格局。高的网络维度得分主要分布在以天柱山风景名胜区为核心的几个村落，如茶庄村、风景村、林庄村与万涧村，此外，黄铺镇的黄埔村也具有高的网络维度得分。低、较低的网络维度得分主要分布在潜山市南部及东北部地区，天柱山风景名胜区辐射范围外的几个村落网络维度得分也较低，与核心景区的几个村落形成较为鲜明的对比。

位于天柱山后山的万涧村，长期受天柱山前山发展的遮蔽效应，发展较为缓慢，尤其是乡村旅游发展较前山发展滞后许多。在彩虹公路未从前山延伸至后山前，万涧村尽管在天柱山后山，但未受到天柱山风景名胜区的辐射，旅游资源虽较为丰富但与一般乡村地域一样，发展迟缓。彩虹公路建设以来，将天柱山前山与后山有效地连接起来，尤其是近些年对于万涧村万亩竹海、杨家祠堂等旅游资源的重视与开发，使得万涧村乡村旅游发展进入了加速期。原本于山涧居住的当地居民不约而同地在彩虹公路一侧建造了新的民居，相继开办了农家乐、零售店、特色产品专营店等，逐渐形成了新的万涧村形象。村干部积极引进外界资本，于后山地理位置优越处建设特色民宿，同时引导居民有序开办农家乐，以满足游客的住宿与餐饮需求。在村域整体规划层面，村委会在镇政府和天柱山旅游管理委员会的指导和协助下，邀请了中国城市规划设计研究院对村落的远景进行规划与设计，村落居民也都积极支持村委会的工作，如今正如火如荼地进行村落规划与设计的第一步。万涧村紧抓乡村旅游发展机遇，村干部、居民与外界资本同心协力，是网络维度得分较高的背后逻辑。

天柱山镇与痘姆乡交界处的吴塘村，隔潜水与风景村相望，村落环境十分优美，被授予了"美丽乡村"称号。在田野调研实践中，课题组成员试图找寻吴塘村居民进行半结构式访谈，发现吴塘村大多数房屋大门紧闭，在与村干部进行交谈的过程中得知，村落多数居民选择外出务工，留在村落中的仅为少数老人、小孩，是典型的空心村。吴塘村近年来也尝试响应潜山市全域旅游发展战略，但由于距离天柱山风景名胜区较近，且缺乏区别于天柱山核心景区的旅游资源，难以吸引并留住游客，乡村旅游发展较为缓慢，村域范围内主体间关于旅游的联系较少，从而产生了以天柱山核心区域内的几个村落网络维度得分高，而天柱山核心区域外的村落网络维度得分低的差异显著的现象。一旦离天柱山核心区域较近的村落缺乏异质性的旅游资源，其在乡村旅游的发展过程中便会受到天柱山风景名胜区旅游的遮蔽效应的影响，形成核心区域与核心区域交界处的鲜明对比。

2. 规模维度空间格局

潜山市样本村乡村旅游融合性水平中规模维度得分仅有茶庄村是高水平，潜山市整体规模维度得分以中等、较低和低水平为主，较高水平主要分布在潜山市中部地区，尤其是天柱山核心景区的三个样本村，此外还有马潭村和源潭村。潜山市南部地区主要以较低和低水平的规模维度得分为主,而潜山市北部地区的规模准度得分主要为较低和中等水平。

茶庄村之所以在规模维度得分层面一枝独秀,是因为茶庄村位于天柱山风景名胜区核心景区范围内,且天柱山风景名胜区是国家AAAAA级旅游景区,茶庄村行政区划内,所有建设用地均为旅游建设用地,都为旅游发展服务。此外,茶庄村还拥有九曲河漂流(国家AAA级旅游景区)。为了满足游客的住宿、餐饮等需求,茶庄村建设有民宿、酒店和农家乐,天柱山游客接待中心就设置在茶庄村行政区划内。因此,茶庄村每年接待游客数量、年旅游总收入、单日可接待人数、乡村旅游业就业人数等与其他样本村存在较大差距,尤其是在年旅游接待人次方面,天柱山是潜山市的符号表征,前往潜山市旅游的游客,其中大部分都会首选天柱山,其次才是潜山市其他景区。

由此可见,规模维度的得分与依托景区的等级和知名度息息相关,马潭村虽地理位置较为偏远,但白马潭景区是国家AAAA级旅游景区,在田野调研实践中,课题组发现,马潭村村委会就位于白马潭景区附近。白马潭村书记曾邀请课题组前往白马潭景区游览,白马潭景区集休闲观光与体验游乐于一体,马术场地、漂流和卡丁车场地等格外吸引年轻人,而田园风光、青山绿水能吸引中老年游客。为满足游客对户外露营、篝火晚会、野外烧烤等多元化的特色需求,马潭村也正逐步扩大乡村旅游业发展规模,旨在吸引更多的黏性强的游客,通过将更多的体验式活动融入旅游业发展来增加乡村旅游业收入。所以近年来,马潭村的乡村旅游业的发展也粗具规模,规模维度的得分较高。

3. 赋权维度空间格局

赋权维度得分的空间格局与规模维度具有相似性,赋权维度得分也仅有茶庄村一个样本村是高水平,与规模维度得分不同的是,赋权维度样本村之间的差异性较规模维度小，赋权维度得分以较高水平、中等水平和低水平为主。潜山市南部地区样本村赋权维度得分整体比潜山市北部地区赋权维度得分高，体现为水平结果整体较高，与水平等级整体较高。

潜山市行政区划内的国家AAA级及以上旅游景区大多数位于潜山市南部地区，全市16个国家AAA级及以上旅游景区仅有德鑫庄（国家AAA级旅游景区）、板仓自然保护区（国家AAA级旅游景区）、查冲生态园（国家AAA旅游景区）3个位于天柱山风景名胜区以北地域。国家AAA级及以上旅游景区数量的差异直接影响年旅游接待人次以及由此涉及的年旅游总收入和年人均旅游收入，是造成潜山市赋权维度得分南北地域差异的直接影响因素。赋权理论视域下，旅游参与越发成为乡村旅游地社区居民提升自我和社区价值的方式，居民主体意识的觉醒也逐渐促使他们寻求参与旅游决策的机会，从而维护以居民为主体的利益。不少样本村在旅游资源开发和乡村旅游发展过程中注重听取社区居民的意见和建议，同时在相关旅游决策中，召开相关村级会议，让社区居民真正参与到旅游决策和旅游业发展中。在田野调研实践中，一些农家乐规模较大的样本村会定期对居民进行农家乐的经营与管理技能培训，尤其是在菜品定价、农家乐等级申报、桌椅摆放位置等方面。专业的旅游技能培训使乡村地域居民以更加专业的姿态参与到旅游中，一定程度上强化了乡村地域居民在旅游场域中对所在地的自信心和自豪感。

4. 内生性维度空间格局

内生性维度得分虽仅有茶庄村是高水平，但内生性维度得分处于较高水平和中等水平的样本村占大多数。在空间分布格局上，内生性维度得分为较高水平与中等水平的样本村呈现出组团格局，天柱山为核心的区域及周边地域是最大的组团，潜山市北部地区和中东部地区各有一个小的组团。内生性维度得分为低水平的样本村在空间上较为分散,潜山市南部和北部地区都有,但只占样本村的少数。

潜山市内生性维度得分整体情况较为良好的原因在于,潜山市各样本村在发展乡村旅游的过程中注重由社区居民参与旅游发展,不管是引进外界资本还是村委会自主发展乡村旅游,乡村旅游业所需岗位都多雇用本地尤其是本村居民,以确保乡村居民共享旅游发展成果。尤其是乡村旅游业发展过程中的商户多为本村居民,较少有外界经营者入驻,一定程度上减少了乡村旅游业发展带来的经济效益的外溢。

潜山市国家AAA级旅游景区集中在天柱山风景名胜区及其周边地域,由此带来的以天柱山为核心地域的周边多个样本村不管是发展乡村旅游的时间还是乡村旅游的发展规模都在一定程度上优于其他地域的样本村。在茶庄村的模范引导下,周边乡村地域也都注重社区居民自主参与旅游业发展,而村委会带领第一批部分享受到旅游红利的居民前往茶庄村交流并学习先进经验,同时为乡村居民在建设农家乐和民宿等设施时申请政府补贴资金,从而减轻他们的前期投资压力。内生性维度得分为较高水平的最大组团呈现出以茶庄村为核心、周边多个样本村的环状态势,其原因就在于潜山市的旅游资源主要集聚在天柱山风景名胜区及其周围。

5. 嵌入性维度空间格局

以茶庄村、林庄村和风景村为核心的十字区域较潜山市其他地域的样本村嵌入性维度得分情况更好。整体而言,嵌入性维度处于高水平的样本村相对乡村旅游融合性其他维度而言较多,但同时较低和低水平的样本村相对乡村旅游融合性其他维度而言也较多,两极分化较为严重。就局部地区而言,潜山市北部地区的样本村以较高水平和中等水平的嵌入性维度得分为主,潜山市中部偏北地区的样本村是多种水平的嵌入性维度得分混杂的状态,而南部地区的样本村则以较低和低水平的嵌入性维度得分为主。

嵌入性维度主要描绘乡村居民对旅游业发展所带来的生活、经济、文化、环境等层面变化的感知情况,主要表征旅游业发展对乡村地域的多元嵌入和影响。由对样本村居民进行问卷调查和访谈获取的相关数据和资料可以发现,潜山市自建设全域旅游以来,许多乡村为响应全域旅游发展战略的号召,在乡村旅游发展层面投入较多,尤其是基础设施建设和人居环境改善方面。原本具有资源本底的一些村落在发展乡村旅游后,发生了较大的变化。万涧村因"彩虹公路"延伸至后山,将天柱山前山和后山连通,获得了发展的机遇,万涧村也紧抓这一发展机遇,科学进行村落规划与设计,建设富有地域特色的民宿,沿"彩虹公路"建设农家乐、农副产品专营店等设施,从而吸引进入后山的游客。当地居民介绍,近年来,万涧村发生了翻天覆地的变化,散乱的村落格局、杂草丛生的山涧溪流、坑坑洼洼的道路都成为过去,居民深切地感受到旅游发展对生活、环境、经济等方面的积极影响。

6. 互补性维度空间格局

互补性维度处于较高和高水平的样本村主要沿潜山市的中轴线两侧分布,而离中轴线较远的样本村大多以较低和低水平的互补性维度得分为主。潜山市南部地区和北部地区在互补性维度得分方面呈现出不分伯仲的态势,但潜山市最南端几个样本村以低水平的互补性维度得分为主。从自然断裂点分级来看,不难发现,各样本村之间在互补性维度得分方面差异较小,且相比其他维度的得分而言,水平相对较低,互补性维度得分各水平的样本村在数量上较为均匀。

由前文可知,互补性维度主要体现为旅游与社区、游客和居民之间的互补、交流与分享,尤其强调游客在旅游活动中的参与性和分享性。靠近潜山市北部地区的塔畈村，具有高水平的互补性维度得分。塔畈村和不远处的倪河村一样，主要依托茶园、茶产业发展乡村旅游，而茶旅游本身强调游客的参与体验性。塔畈村在发展乡村旅游的过程中，主要通过采茶、晒茶、炒茶、制茶、泡茶等一系列活动吸引游客，而这些活动都需要游客去切身体验，在体验的过程中，游客经常与茶园工人（多为当地居民）进行交流，从而潜移默化地将自身价值观输出给当地居民。在茶园工作也是居民生产、生活的一部分，而游客的参与体验间接参与到当地居民日常的生产、生活中。乡村旅游的发展使乡村居民不仅能通过茶叶的加工与销售获取生计资本，也能吸引游客从而获得旅游发展红利，多元的生计组合增强了当地居民的生计可持续性。塔畈村在发展乡村旅游的过程中提供的强参与性旅游活动，促进了旅游和社区、游客和居民的互动，也是塔畈村高水平得分的原因所在。

7. 乡村旅游融合性水平空间格局

潜山市乡村旅游融合性水平空间格局和规模维度、赋权维度得分的空间格局具有相似性。整体而言，潜山市各样本村以中等、较低和低水平的乡村旅游融合性为主，在全面提升乡村旅游融合性水平方面还有较大空间。结合前文样本村的地形地貌、交通条件的分布格局，研究总结了潜山市乡村旅游融合性水平空间分异的四大区域：潜中南景区—廊道双重驱动发展优势片区、潜南文旅融合带动发展片区、潜中北发展初始期轴带和潜北生态—文化引领发展潜力片区。下文将对四大区域的乡村旅游融合性水平及其特征进行详细阐述。

潜中南景区—廊道双重驱动发展优势片区。片区内以天柱山世界地质公园、山谷流泉文化园景区、白马潭生态旅游景区、白水湾景区、九曲河漂流景区等多个景区为依托，沿高速公路、国道及"彩虹公路"等廊道两侧分布的乡村多具有高、较高、中等水平的乡村旅游融合性。其中，潜山市所有样本村中仅有的乡村旅游融合性水平较高的村落茶庄村位于该片区。茶庄村依托天柱山风景名胜区与九曲河漂流景区，发展茶产业、蓝莓采摘园、果蔬园等优势农业，名为"天柱剑毫"的茶叶更是享誉国内外。与此同时，茶庄村借助旅游公路（彩虹公路）与独特的地形地势条件举办长板速降大赛、山地自行车大赛等体育赛事，逐步开辟出一条具有地域特色的农—体—旅融合发展之路。茶庄村居民在村干部和天柱山旅游管理委员会的指导和带领下，通过开办农家乐、合资建设酒店、创办地域特色产品专营店和受雇于旅游发展相关产业等来共享旅游发展成果。

风景村和林庄村的乡村旅游融合性水平仅次于茶庄村，也位于该片区，因此该片区自然成为潜山市乡村旅游发展最具潜力和发展势头最为强劲的区域。风景村坐拥三祖寺和山谷流泉两大景区，且地处几大景区的必经之路，民居主要分布在进入天柱山风景名胜区的交通廊道的两侧。交通廊道的独特优势，促使风景村的农家乐、餐饮设施、学校乃至潜山市全域旅游服务中心等均分布在道路两侧，依靠天柱山的一侧更是形成较为繁华的夜间经济片区，道路两侧更外围的区域，发展了现代农业，多为果树采摘园，以满足游客餐饮的多元化需求。林庄村主要是通过农家乐和特色农庄的发展，吸引附近景区游玩的游客，近些年也逐渐形成了独具特色的农家乐品牌，在该片区的乡村旅游业发展过程中，占据了产业链条中餐饮和住宿市场的重要席位。

潜南文旅融合带动发展片区。潜山市南部地区的样本村多具有潜山市地域文化特色，在文旅融合发展的背景下，片区内多个乡村正积极响应时代号召，将挖掘地方文化资源内涵、传播弘扬潜山名人故事作为新时代旅游发展的目标。黄泥居委会正着力重新打造黄泥老街，旨在让充满历史气息与民俗文化的老街区成为文旅融合新时期集居民休闲、娱乐和学习于一体的"新黄泥老街"。王河镇的程家井村和薛家岗村，两村在空间距离上较近，都具有属于自己的独特文化。程家井村是京剧鼻祖程长庚的故乡，围绕程长庚故居开展研学旅行的规划与设计，让更多人了解程长庚，并探寻程长庚在推动京剧艺术的形成中发挥的重要作用。薛家岗村是新石器时代文化遗址所在地，主要为夏商文化的遗存，现为全国重点文物保护单位，对探索区域文明化进程具有重要的学术价值。全域旅游发展时代背景下，薛家岗村正立足薛家岗文化遗址积极探索出一条文旅融合发展道路。

潜中北发展初始期轴带。区域内选取的样本村较多分布在省道、县道等交通干线两侧，具有中等、较低、低水平的乡村旅游融合性的样本村呈条带状分布是该区域内的特征。整体来看，该片区的样本村发展乡村旅游的时间相对其他区域较晚，多数样本村按照时间划分，属于发展初始期。区域内由于缺乏丰富的自然旅游资源，部分乡村选择通过人工建造旅游景点的方式发展乡村旅游。

以槎水镇的乐明村为例，通过在山腰处建造养鹿基地，建设茶文化园、农耕文化体验基地等吸引城市居民。在田野调研过程中，乐明村村干部向我们讲述：该村乡村旅游发展的投资多来源于常年在外从事商务工作的具有本村户籍的居民，他们愿意投入资金，促进自己家乡的发展。村委会也愿意对本村村民进行相关专业的培训，让更多村民积极主动地参与到旅游业发展中。该村的特色就在于养鹿基地、茶文化园、"范"姓文化宗祠、农耕文化基地等。该村以农耕文化自居，传承农耕文化，建设农耕文化基地，不仅是让城市居民体验农耕，更是为传承农耕文化做出了贡献。乐明村虽正处于旅游发展初级阶段，但在村委会的正确引导和从乡村走出去的"能人"的强力支持下，抓住全域旅游发展机遇并且注重乡村旅游内生式发展的举措，使乐明村具有中等水平的乡村旅游融合性。

此外，值得一提的是，源潭镇享有"中国刷业之都"的美誉，包括源潭镇源潭村在内的多个行政村倾向于通过发展家用刷制品、美妆类刷制品等制刷产业推动乡村振兴，因此乡村旅游在源潭镇的产业定位中处于弱势地位。课题组通过参与式观察和半结构式访谈对交通干线的作用进行了深入分析，发现交通干线对乡村旅游融合性水平的驱动作用存在差异，一方面便于游客出行，缩短时间距离，有利于增加游客数量，进而有益于乡村旅游融合性水平的提升；另一方面导致部分乡村的游客停留时间缩短甚至出现不停留的情况，在不受交通条件限制的情况下，部分乡村成为名副其实的"途经村"，不利于乡村旅游融合性水平的提升。

潜北生态—文化引领发展潜力片区。潜山市北部地区的样本村乡村旅游发展潜力较大，尤其是处于乡村旅游发展加速期的官庄村（金紫山森林公园、德鑫庄）和板仓村（板仓自然保护区），其他乡村地域则是由生态资源和文化资源共同引导旅游发展。该片区的样本村多具有中等和较低水平的乡村旅游融合性。潜山市北部地区地势较高，自然生态环境较为优美，且潜山市北部地区是大别山革命老区的红区后勤保障基地，具有独特的红色文化资源本底。片区内的金紫山是潜山市的最高峰，其生态资源可与天柱山媲美，板仓自然保护区更是贴近人们对于原始森林的想象，进入板仓自然保护区，马路一侧是河谷，另一侧是峭壁，沿途的山风从山顶吹向河谷，掠过自然保护区的每个角落。森林此起彼伏、山川层峦叠嶂是潜山北部地区的特色。近些年，官庄镇日光村凭借红军被服厂挖掘地方红色文化资源，探寻抗战时期潜山人民在后勤方面发挥的重要作用，以弘扬和传承红色革命文化。

（五）罗田县乡村旅游融合性空间分异特征

为了研究罗田县各样本村乡村旅游融合性水平的空间分异特

征，依据前文涉及的测算与分级方法，将罗田县样本村乡村旅游融合性及各维度得分相关数值与 ArcGIS 中地图数据相匹配，采用自然断裂点法分成 5 级，并进行可视化表达，从而分析罗田县样本村乡村旅游融合性及各维度得分的空间格局。需要特别说明的是，由于罗田县发展乡村旅游的村落较少，选取的样本村比潜山市少，使乡村旅游融合性及各维度得分的空间格局不够鲜明，所以研究针对罗田县乡村旅游融合性及各维度得分具有特色的样本村进行详细阐述和分析，不再着重分析其空间特征。

1. 网络维度空间格局

罗田县网络维度得分总体呈现以罗九百里生态画廊沿线分布的古楼冲村、磙石坳村与燕窝湾村和以罗胜百里风情画廊沿线分布的古羊山村、錾字石村与张家垸村得分较高，中部的样本村得分较低的空间格局。网络维度得分高的村落主要有磙石坳村和燕窝湾村，网络维度得分低的村落主要有上石源河村、大雾山村和闵家河村。

磙石坳村是罗田县大河岸镇政府驻地行政村，依托罗九旅游主干线的地理区位优势和罗田板栗之乡的名号，开发生态板栗旅游项目和林下经济补偿项目，现成为百亩以上栗林示范点。田野调研实践中，经由该村党支部书记告知，由于丘陵地势起伏下树形高大的板栗树采摘劳动力成本和加工成本高于销售板栗原料的微薄利润，村里原先荒废了大片板栗园。起初，村集体启动土地承包帮扶机制，通过兴办实体项目、鼓励村民入股分红、实现服务创收等"消薄强村"的路径，进一步完善村集体经济合作发展机制和集体经济利益关联机制。2016 年，通过招商引资引进天堂和美农业生态园，开展集板栗采摘、林下种养、钓鱼休闲、节庆表演及农副产品加工于一体的生态林业旅游项目。县委、镇委和村委会都对该村田园综合体发展模式给予了充分肯定。通过举办栗子节，让游客亲身体验打板栗，品尝特色乡土风情板栗宴；建设板栗纪念馆和民俗文化展厅，让游客体验当地民俗文化。既赋予了磙石坳村板栗旅游元素，又同步吸纳了周边群众务工增收，实现三产融合与"村民—村集体—企业"合作三赢的乡村"旅游+"发展模式。齐头并进，目标一致地将磙石坳村打造成具有地域特色的乡村旅游示范村，是网络维度得分高的原因所在。

2. 规模维度空间格局

罗田县规模维度得分较高的村落主要沿罗九百里生态画廊分布，大别山核心景区内圣人堂和徐凤冲村得分较高，此外还有燕窝湾村和磙石坳村。罗田县西南部地区主要以较低和低水平的规模维度得分为主。

进士河横贯古楼冲村全境，命名缘起方志学家王葆心。古楼冲村毗邻罗九旅游公路，距武英高速大别山出口仅15千米，拥有明显的交通和区位优势。罗田县"十四五"规划中提到要将古楼冲村发展为"名人故居型"特色保护类村庄，县水利和湖泊局响应这一号召，点对点帮扶了进士河流域综合治理移民美丽家园建设项目，修建"四好"农村路。多年前，通过多轮招商引资推介，外地企业家唐明华投资3000万元将进士河漂流项目打造成中国漂流谷，年接待游客10余万人次，收入超1000万元，安置当地150多名村民在乡就业，带动周边农家乐、民宿、土特产销售店面100多家，旅游发展逐渐形成规模效益。然而漂流受季节的影响，只能在夏季进行，村里计划将"一季流"延展成为"月月有景看，季季有游客"。牵头建设了花半湾花卉种植基地，同时兴建网红桥、七彩滑道、水上体验等现代性娱乐设施，致力于将花卉小镇打造成国家AAA级旅游景区。花半湾年接待游客2万人次，安置当地170多名村民在乡就业，人均年增收1万多元，以花半湾为媒、以进士河为脉的乡村旅游衍生了古楼冲村的旅游兴乡之路。

3. 赋权维度空间格局

罗田县赋权维度得分总体呈现出以罗九百里生态画廊沿线分布的徐凤冲村、磙石坳村与燕窝湾村和以318国道百里乡村画廊沿线分布的新冲村、上石源河村与汪家咀样本村得分较高，北部和西部的样本村得分较低的空间格局。

凤山镇上石源河村毗邻罗田县城，蔬菜种植是村民的主业。县大自然公司在上石源河村建设的智能日光温室蔬菜大棚有水肥一体化、温度、湿度、光照总控、自动灌溉等功能，一年四季可以种植，蔬菜单产和品质均有大幅提升，每年为村集体增收3.2万元。循环农业科技生态园还为附近村民开展种养殖技术课程和科普观光活动，每月旅游技能培训次数2次以上，旨在延长蔬菜种植、林下特色养殖和旅游农业观光的产业链。此外，上石源河村是最早一批抓住罗田县乡村振兴光伏发电项目福利的村落，村年稳定收入在27万元左右，使用周期25年，但该项目只能用于基础设施建设与扶贫，无法用于产业建设。上石源河村村民在乡村旅游发展中整体获益，赋权维度得分较高。

4. 内生性维度空间格局

罗田县样本村内生性维度得分仅有圣人堂村、燕窝湾村、徐凤冲村和张家垸村为高和较高水平，中等、较低和低水平内生性维度得分的样本村主要分布在罗田县中部地区。其中，大河岸镇中3个样本村磙石坳村、闵家河村和汪家咀村均为低水平内生性维度得分。

圣人堂村和徐凤冲村受大别山核心景区的正向辐射带动，作为典型的自然资源型旅游发展成熟村，村域内皆为旅游建设用地。圣人堂村是九资河镇唯一的村级国家AAA级旅游景区，位于大别山国家森林公园境内，背靠天堂寨，脚濯天堂湖，坐落在游客去往国家AAAA级旅游景区天堂寨风景区和薄刀峰风景区的必经之路上。每逢10月底至11月中下旬，是圣人堂村乌桕红叶的最佳观赏时间。漫山遍野的红叶引得游客驻足观赏拍照，购买甜柿，品尝地道的山野农家菜。圣人堂村利用乌桕树红叶这一特色景观的品牌效应，举办一系列文艺宣传活动，包括"浪漫大别山，相爱红叶季"摄影活动和"夜景红叶"乡村音乐会。到2021年已经连续成功举办了十三届红叶节，在第十三届红叶节的开幕式当天共计接待游客3万人，实现旅游收入近1000万元。目前投入使用的村民自建配套功能现代化的农家乐旅馆达40余家，引进并建成了天堂峡谷漂流项目，开发建设景观花海、峡谷观光、攀岩滑道、丛林火车等项目，漂流年均经营收入逾200万元。圣人堂村行政区划内建有游客接待中心，充分满足游客"吃住行游购娱"的旅游多元化需求，让各地的游客来这里吃特色农家菜饭、住乡土风情民宿、玩惊险峡谷漂流、赏美丽田园风光、买大别山旅游产品。圣人堂村旅游资源禀赋高，本地村民自主经营能力强且参与旅游业程度高，因此，内生性维度得分较高。

5. 嵌入性维度空间格局

罗田县样本村嵌入性维度得分总体上都为较低和低水平，较高得分的村落主要是沿罗九百里生态画廊分布的磔石坳村、古楼冲村和张家垸村，此外还有燕窝湾村。罗田县西南部地区主要以较低和低水平的嵌入性维度得分为主。

十多年前的燕窝湾村囿于罗田县"两山夹一沟"的地形困境，脱贫面临很大挑战。2011年北京市地平线律师事务所律师徐志新回乡投资创办燕儿谷生态观光农业有限公司，燕窝湾村联动周边的郭家河村、叶家圈村、樊家冲村、望江垴村、骆驼坳村5个村落共同打造了燕儿谷片区，乘乡村旅游发展之势，逐步消除贫困，改善了民生。2015年，燕儿谷被评为国家AAA级旅游景区，4年后入选世界旅游联盟旅游减贫案例。2021年，燕儿谷景区共接待游客38万人次，旅游收入高达7000万元。燕窝湾村已跻身罗田县全域旅游的第一梯队，越来越多外出务工的村民"燕儿归巢衔芳菲"，投入景区发展的旅游场域和乡村振兴事业中。周边农户自主经营40多家，每周双休日接待游客超2000人，休闲农业与乡村旅游已经成为当地的支柱产业，农民人均年收入较10年前翻了10倍。

燕窝湾村重点营造"乡愁文化"，自2015年起，燕儿谷景区接连举办茶梅节、花朝节，吸引大批游客前来赏花。他们还推出农耕生活体验、非遗休闲康养、野外素质拓展等多种乡村旅游新方式。游客可以在景区体验打糍粑、拔萝卜、插秧、摸鱼等传统农活农事，还能使用原生态的柴火灶台做饭，品尝板栗、甜柿、大别山三宝等特色食品。燕儿谷景区内创建了一所乡村工匠学校，邀请木匠、铁匠、篾匠、画匠等正逐渐式微的"九佬十八匠"在学校内精心创作并且培育新型职业农民。游客也可以在这里观赏并体验竹编、烧陶、打铁、刺绣等非遗项目。优质的生态环境是乡村旅游发展的基础。燕窝湾村关停了对环境污染较大的禽类养殖场和采石场，并流转土地发展苗木产业，先后建成了上千亩的茶梅园、玉兰园、桂花园等，使燕儿谷的森林覆盖率增加了近30%。

从10年前大别山区典型贫困村到如今的全国乡村治理示范村，燕窝湾村抢占乡村旅游发展的时代红利，其发展经验值得探索并推广。罗田县提出能人返乡资本回归、产业联盟、村企共建、乡贤引领、抱团回乡5种模式。2013年，燕儿谷公司与燕窝湾村村委会签订了《村企联建协议》，通过产业扶贫，发展村级集体经济。2016年，国务院副总理汪洋前往燕儿谷调研，对燕儿谷"村企联建、精准扶贫"给予了充分的肯定。燕窝湾村以燕儿谷景区为中坚力量，旅游渗入式地浸染到居民生活、地方经济、地方文化、生态环境中，从而影响地方形象，燕儿谷又是村企联建的成功范例，因此嵌入性维度得分最高。

6. 互补性维度空间格局

罗田县样本村互补性维度得分总体上都是中等以上水平，较高得分的村落主要沿罗九百里生态画廊分布，徐凤冲村、磙石坳村和汪家咀村得分较高，此外还有燕窝湾村和錾字石村。罗田县中部地区主要以较低和低水平的嵌入性维度得分为主。低嵌入性维度得分的样本村为古楼冲村、李家咀村和张家垸村。

享有"全国生态文化村"美誉的錾字石村以甜柿闻名，上千株古柿树是錾字石村居民致富的宝树，同时吸引了中国园艺学会与中国生态文化协会的关注。为解决甜柿产品单一、不易保存、附加值低的现状，錾字石村获得了三峡集团200万元的捐赠，用于甜柿及其他农产品标准化生产与加工车间的建设。錾字石村村民通过甜柿文化节结交更多的销售人员，网红的销售团队分享新颖的销售模式，对甜柿的泛化流通起到很好的推进作用。此外，錾字石村大力开展美丽乡村建设，村内道路硬化、屋边绿化等基础设施越来越完善，村容村貌焕然一新。旅游稳态发展提高了錾字石村"两路"的可达性，一是道路通顺提高了村民物理移动的效率，二是网络通信提高了信息移动的效率。旅游业不倾向于同乡、同宗、同族的就业限制，异质化和规模化的岗位既能包容更多的劳动力，又能迅速介入庞大的工作体系中。由此可见，当地村民受惠于乡村旅游发展，游客与村民构成良性的生产、生活、生态的"三生"互补模式，使錾字石村的互补性维度得分较高。

7. 乡村旅游融合性水平空间格局

九资河、三里畈和大河岸镇域整体乡村旅游融合性水平较高，较低和低乡村旅游融合性水平主要分布在罗田县中部、中南部和中北部地区。其中，燕窝湾村是罗田县乡村旅游融合性水平最高的样本村，闵家河村是乡村旅游融合性水平最低的样本村。

罗田县乡村旅游融合性水平空间格局契合了罗田县"十四五"规划中提出建设罗九百里生态画廊、罗胜百里风情画廊和318国道百里乡村画廊三大旅游带，串联圣人堂村天堂寨和薄刀峰景区、张家垴村三里畈温泉、燕窝湾村燕儿谷景区、胜利革命烈士纪念园、古楼冲村进士河漂流、新冲村潘家湾古村落等特色景区的旅游网络体系，并以休闲乡村田园风光、惊险郊野山林漂流、古村落乡土风情等精品旅游项目为支撑向全域旅游示范县推进。上石源河村和闵家河村受限于村域内没有"一村一品"式自然旅游资源，旅游发展基础薄弱，只能优先以农致富。上石源河村的土地零散化和非平整化导致难以实施大规模的机械化种植，滞缓了该村发展现代农业和休闲旅游融合的乡村振兴推进步伐，属于产业发展中期型村庄。大雾山村是罗田县一个典型的高山偏远村，也是曾经的国家级贫困村，调研期间仍在进行"通村公路"的整治与扩建，狭窄的道路与陡峭的山坡是大雾山村发展桐花特色乡村旅游的主要障碍性因素，也是致力于打造集观光采摘、农耕体验、农家乐于一体的休闲观光村落的村干部的"心病"，进一步加剧了地处山区的大雾山村农旅融合发展模式的不可持续性。

作为曾经的国家级贫困县，高低起伏的地形、偏僻的地理位置、阴晴不定的气候等阻碍了"四好"农村路从乡镇延伸至各个自然村，旅游发展的"硬件"和"软件"基础都很薄弱。罗田县脱贫摘帽后，主打通过康养与旅游融合发展来实现乡村振兴，抵御脱贫不稳定和返贫风险。加快发展全域旅游产业，由三大旅游带辐射带动处于旅游发展初始期的村庄并入罗田县附属旅游路线中，推动罗田县全资源整合、全产业融合、全方式营销的乡村振兴路径，彻底打响"千里大别山，美景在罗田"口号。

二 影响因素与障碍因子

（一）影响因素探测结果

相关研究表明，旅游业发展水平的影响因素主要包括地理区位、旅游资源禀赋、经济发展水平、交通条件、旅游市场、政策制度等（王新越等，2014；武少腾等，2019）。借鉴上述研究成果，结合课题组田野调研实践，研究以乡村旅游融合性综合得分及各维度得分为因变量，以体现地理环境差异的地形地貌、体现地方政策差异的旅游开发时段、旅游发展的资源依托类型、体现接待与服务能力差异的经济发展水平及是否美丽乡村为自变量，分析各自变量对乡村旅游融合性及各维度的影响。为便于对影响因素的探测与分析，依据前文村落抽样表划分标准与指标体系中指标具体数值对自变量进行赋值（见表4.6）。

表4.6　　　　　　　　自变量分类及其赋值

自变量	变量分类及赋值
X_1地形地貌	平原为主=1，丘陵为主=2，山地为主=3
X_2旅游开发时段	初始期=1，发展期=2，成熟期=3
X_3资源依托类型	交通廊道、优势产业=1，旅游资源=2
X_4经济发展水平	低水平=1，中等水平=2，高水平=3，依据年GDP进行自然断裂
X_5是否美丽乡村	非美丽乡村=1，美丽乡村=2

运用地理探测器对影响乡村旅游融合性的因子进行探测，主导因子探测结果显示（见图4.1）：旅游开发时段（51.0%）是影响乡村旅游融合性的主导因子，其他因子的影响力相对来说较弱，地形地貌、资源依托类型、经济发展水平和是否美丽乡村的决定力分别为4.1%、9.8%、6.1%和9.6%。

整体来看，旅游开发时段的决定力尤为显著。乡村旅游开启年份较早的样本村，大多发展较为成熟，它们相较于旅游发展开启年份较晚的村落有足够的时间学习江浙乡村旅游发展较为发达的村落的经验，同时也有更多机会去探索出一条适合本村发展的乡村旅游之路。在长期的旅游发展过程中，旅游参与主体间通过不断博弈与

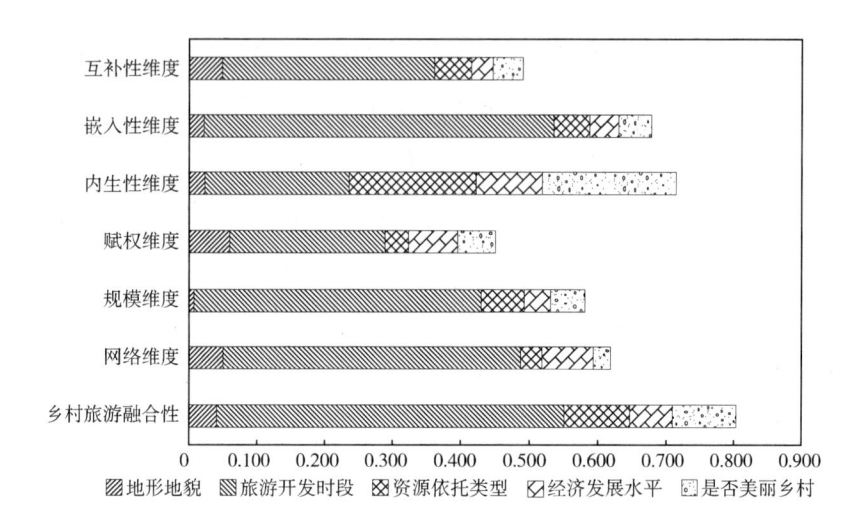

图 4.1　乡村旅游融合性影响因子探测结果

协商，形成了较为密切和良好的网络关系，各主体通过发挥主观能动性为乡村旅游发展创造良好的政策与社会环境。旅游发展开启年份较早的样本村，旅游发展带来的生计转型促使居民不再囿于单一生计模式下的产业发展，而是逐渐形成林业（竹木加工、原木售卖、中药材为主的林下经济）、农业（茶产业、板栗种植、瓜蒌种植、养殖等）、工业与旅游业融合发展的产业生态，多元化的生计选择减轻了乡村发展的脆弱性。以乡村旅游发展为代表的产业业态推动了乡村基础设施建设、传统文化的弘扬与传播、自然与文化资源的开发，乡村旅游发展开启年份较早的样本村，产业融合程度较高，而由此带来的交通、文化与资源等要素耦合结果较为优良。

地形地貌对于乡村旅游融合性的影响具有两面性。一方面，不管是潜山市还是罗田县区域内的乡村在发展旅游的过程中，多以自然生态资源为依托，发展生态观光旅游和康养旅游。山区的地形地貌特征恰恰为乡村旅游发展提供了不同于平原乡村地域的山地自然风光和延绵的森林生态，是乡村发展旅游的有利基础条件。另一方面，山区地形限制了旅游发展的可进入性，一定程度上增大了地方基础设施和旅游专用设施建设的难度，不利于旅游的规模化发展。旅游资源依托型村落相较于交通廊道依托型和优势产业依托型村落在旅游市场细分中更具吸引力。旅游资源依托型村落一般位于景区核心区域，是游客游玩、消费最为集中的区域。交通廊道型村落作为旅游通道中的核心区域，能够充分发挥区位优势，为游客提供餐饮和购物服务。优势产业型村落通过集约化发展某一产业，使其形成旅游景点，如果蔬园、花卉基地等，同时能够为地方核心景区提供产品及服务。乡村经济发展水平是地方基础设施建设、旅游专用设施建设的基础条件，是乡村旅游发展潜力的直接推动力和差异化乡村旅游融合性形成的影响因素。

从各维度得分的主导因子探测结果来看，旅游开发时段是每个维度得分差异化的主导因子。其中，网络、规模、赋权、内生性、嵌入性和互补性得分旅游开发时段的探测结果分别为43.7%、42.5%、22.9%、21.2%、51.4%和31.2%，由此可见，旅游开发时段对嵌入性维度得分的决定力尤为突出（$q>0.5$），对于赋权维度和内生性维度得分的主导力显然不如其他维度。此外，资源依托类型对于内生性维度的决定力为18.7%，相较旅游开发时段对内生性维度得分的决定力差距较小，这是因为乡村本底的旅游资源禀赋是乡村旅游融合性的一个非常重要的层面，从而使资源依托类型成为差异化内生性维度得分的一个重要因子。

运用地理探测器中的交互作用探测对影响因素进行分析，交互作用探测结果见表4.7。由表4.7可知，乡村旅游融合性综合得分及各维度得分的影响因子间的交互作用均为增强关系，说明任意2个因子的交互作用会增强乡村旅游融合性综合得分及各维度得分的解释力。交互作用主要表现为双因子增强（BF）和非线性增强（NL）。

表 4.7　　　　　　　　　　交互作用探测结果

因变量	交互项	作用类型	因变量	交互项	作用类型	因变量	交互项	作用类型
乡村旅游融合性综合得分	$X_1 \cap X_2$	BF	规模维度得分	$X_2 \cap X_4$	NL	嵌入性维度得分	$X_1 \cap X_2$	BF
	$X_1 \cap X_3$	NL		$X_2 \cap X_5$	BF		$X_1 \cap X_3$	NL
	$X_1 \cap X_4$	NL		$X_3 \cap X_4$	BF		$X_1 \cap X_4$	NL
	$X_1 \cap X_5$	NL		$X_3 \cap X_5$	BF		$X_1 \cap X_5$	NL
	$X_2 \cap X_3$	BF		$X_4 \cap X_5$	BF		$X_2 \cap X_3$	BF
	$X_2 \cap X_4$	NL	赋权维度得分	$X_1 \cap X_2$	NL		$X_2 \cap X_4$	BF
	$X_2 \cap X_5$	BF		$X_1 \cap X_3$	BF		$X_2 \cap X_5$	BF
	$X_3 \cap X_4$	BF		$X_1 \cap X_4$	NL		$X_3 \cap X_4$	NL
	$X_3 \cap X_5$	BF		$X_1 \cap X_5$	BF		$X_3 \cap X_5$	BF
	$X_4 \cap X_5$	BF		$X_2 \cap X_3$	NL		$X_4 \cap X_5$	BF
网络维度得分	$X_1 \cap X_2$	BF		$X_2 \cap X_4$	BF	互补性维度得分	$X_1 \cap X_2$	BF
	$X_1 \cap X_3$	NL		$X_2 \cap X_5$	BF		$X_1 \cap X_3$	NL
	$X_1 \cap X_4$	NL		$X_3 \cap X_4$	NL		$X_1 \cap X_4$	NL
	$X_1 \cap X_5$	NL		$X_3 \cap X_5$	BF		$X_1 \cap X_5$	NL
	$X_2 \cap X_3$	BF		$X_4 \cap X_5$	NL		$X_2 \cap X_3$	BF
	$X_2 \cap X_4$	NL	内生性维度得分	$X_1 \cap X_2$	BF		$X_2 \cap X_4$	BF
	$X_2 \cap X_5$	BF		$X_1 \cap X_3$	NL		$X_2 \cap X_5$	BF
	$X_3 \cap X_4$	NL		$X_1 \cap X_4$	BF		$X_3 \cap X_4$	NL
	$X_3 \cap X_5$	NL		$X_1 \cap X_5$	BF		$X_3 \cap X_5$	NL
	$X_4 \cap X_5$	BF		$X_2 \cap X_3$	BF		$X_4 \cap X_5$	BF
规模维度得分	$X_1 \cap X_2$	NL		$X_2 \cap X_4$	NL			
	$X_1 \cap X_3$	NL		$X_2 \cap X_5$	BF			
	$X_1 \cap X_4$	NL		$X_3 \cap X_4$	BF			
	$X_1 \cap X_5$	NL		$X_3 \cap X_5$	BF			
	$X_2 \cap X_3$	BF		$X_4 \cap X_5$	BF			

(二) 障碍因子探测结果

以各样本村乡村旅游融合性水平为因变量,以前文中乡村旅游融合性指标体系中的具体指标为自变量,运用障碍度模型分别计算潜山市和罗田县各样本村乡村旅游融合性水平的障碍因子及其障碍度，根据障碍度结果进行排序，分别筛选出潜山市和罗田县各样本村前五位障碍因子（表4.8、表4.9）。从两县市区域总体情况而言，各样本村乡村旅游融合性前五位障碍因子及其出现频次为：A级景区数量X_{20}出现51次、自主经营旅游企业数量X_{19}出现50次、旅游发展相关制度X_{26}出现50次、村委会间合作X_3出现23次以及旅游就业人数本村村民占比X_{18}出现23次。

表4.8　　　　　潜山市乡村旅游融合性前五位障碍因子

样本村	1	2	3	4	5
林庄村	X_{20}	X_{19}	X_{26}	X_7	X_{12}
茶庄村	X_{20}	X_{26}	X_7	X_8	X_1
风景村	X_{20}	X_{26}	X_{19}	X_{18}	X_7
龙湾村	X_{19}	X_{20}	X_{26}	X_{18}	X_{12}
万涧村	X_{20}	X_{19}	X_{26}	X_{13}	X_7
黄岭村	X_{19}	X_{20}	X_{26}	X_{13}	X_{22}
岭头村	X_{20}	X_{19}	X_{26}	X_6	X_{13}
田墩村	X_{19}	X_{20}	X_{26}	X_{18}	X_3
源潭村	X_{19}	X_{20}	X_{26}	X_6	X_3
路口村	X_{19}	X_{20}	X_{26}	X_{22}	X_{12}
塔畈村	X_{20}	X_{19}	X_{26}	X_3	X_{22}
板仓村	X_{20}	X_{19}	X_{26}	X_{22}	X_3
倪河村	X_{20}	X_{19}	X_{26}	X_{18}	X_{13}
天堂村	X_{20}	X_{19}	X_{26}	X_{18}	X_3
马潭村	X_{19}	X_{20}	X_{26}	X_{12}	X_7
官庄村	X_{20}	X_{19}	X_{26}	X_{22}	X_3
金城村	X_{19}	X_{20}	X_{26}	X_6	X_3
平峰村	X_{20}	X_{19}	X_{26}	X_{13}	X_{22}
日光村	X_{19}	X_{20}	X_{26}	X_6	X_3
龙关村	X_{20}	X_{19}	X_{26}	X_{13}	X_{22}
槎水村	X_{20}	X_{19}	X_{26}	X_6	X_{22}
油坊村	X_{19}	X_{20}	X_{26}	X_{13}	X_3

续表

样本村	1	2	3	4	5
乐明村	X_{19}	X_{20}	X_{26}	X_{22}	X_{12}
昆仑村	X_{20}	X_{19}	X_{26}	X_{18}	X_{3}
黄泥居委会	X_{19}	X_{20}	X_{26}	X_{18}	X_{13}
龙坦村	X_{20}	X_{19}	X_{26}	X_{6}	X_{3}
程家井村	X_{19}	X_{20}	X_{26}	X_{6}	X_{3}
薛家岗村	X_{20}	X_{19}	X_{26}	X_{18}	X_{3}
黄铺村	X_{20}	X_{19}	X_{26}	X_{22}	X_{7}
望虎村	X_{19}	X_{20}	X_{26}	X_{22}	X_{3}
云峰村	X_{20}	X_{19}	X_{26}	X_{22}	X_{3}
红星村	X_{20}	X_{19}	X_{26}	X_{18}	X_{13}
吴塘村	X_{19}	X_{20}	X_{26}	X_{6}	X_{3}
凤凰村	X_{19}	X_{20}	X_{26}	X_{13}	X_{3}
潘铺村	X_{19}	X_{20}	X_{26}	X_{3}	X_{12}

表4.9　罗田县乡村旅游融合性前五位障碍因子

样本村	1	2	3	4	5
闵家河村	X_{19}	X_{20}	X_{26}	X_{18}	X_{6}
磙石坳村	X_{19}	X_{20}	X_{18}	X_{22}	X_{12}
汪家咀村	X_{19}	X_{20}	X_{26}	X_{18}	X_{6}
古楼冲村	X_{20}	X_{19}	X_{26}	X_{18}	X_{7}
燕窝湾村	X_{19}	X_{7}	X_{12}	X_{11}	X_{5}
圣人堂村	X_{20}	X_{26}	X_{7}	X_{3}	X_{9}
徐凤冲村	X_{20}	X_{19}	X_{26}	X_{6}	X_{18}
板桥村	X_{20}	X_{19}	X_{26}	X_{18}	X_{3}
桥头边村	X_{19}	X_{20}	X_{26}	X_{18}	X_{13}
林家咀村	X_{19}	X_{20}	X_{26}	X_{18}	X_{6}
大雾山村	X_{19}	X_{20}	X_{26}	X_{6}	X_{18}
李家咀村	X_{19}	X_{20}	X_{26}	X_{18}	X_{3}
上石源河村	X_{19}	X_{20}	X_{26}	X_{18}	X_{6}
张家垸村	X_{19}	X_{20}	X_{26}	X_{7}	X_{3}

续表

样本村	1	2	3	4	5
新冲村	X_{19}	X_{20}	X_{26}	X_{18}	X_3
錾字石村	X_{20}	X_{19}	X_{26}	X_{18}	X_{13}
古羊山村	X_{19}	X_{20}	X_{26}	X_{18}	X_{22}

从各样本村来看，潜山市乡村旅游融合性主要以 A 级景区数量 X_{20} 和自主经营旅游企业数量 X_{19} 为首位障碍因子，罗田县乡村旅游融合性的首位障碍因子主要是 A 级景区数量 X_{20}。以首位障碍因子与次位障碍因子为区分节点，结合地理探测器中的主导因子探测结果分析，对两县市各样本村乡村旅游融合性障碍因子进行归类。

首先为资源禀赋与内生潜力障碍型，主要体现为 A 级景区数量和自主经营旅游企业数量两个障碍因子，潜山市和罗田县绝大多数样本村属于该类型。从潜山市和罗田县乡村旅游发展较早和较好的一批乡村来看，它们都位于环大别山风景名胜区，优美的自然环境和独特的地质环境为乡村旅游发展提供了优异的资源条件，如茶庄村、万涧村、板桥村等。但从两县市全域来看，拥有良好资源禀赋的村落属于少数，多数村落或依托核心景区的辐射，或人工建设相关旅游景点，或发展优势产业等方式发展乡村旅游，因此旅游资源禀赋是绝大多数样本村发展乡村旅游的障碍因子。自主经营旅游企业数量反映了本地居民的旅游参与程度，旅游参与程度越高，乡村居民越能从旅游发展中共享成果；本地居民的参与程度越低，乡村旅游发展的综合效益外溢性越明显，尤其体现为经济效益的外溢，使乡村旅游发展不能较大提升本地居民福祉。罗田县作为曾经的国家级贫困县，乡村空心化水平较高，除个别乡村旅游发展较好的村落吸引在外务工居民返乡创业外，多数样本村在发展旅游的过程中难以吸引人才返乡，多依靠村委会招商引资进行旅游开发与发展。外界资本和主体的介入必然带来旅游发展利益的分割，从而造成乡村旅游发展中的效益外溢，很多居民并不能从旅游发展中获取收益。

其次为资源禀赋与政策环境障碍型，主要体现为 A 级景区数量和旅游发展相关制度两个障碍因子，两县市仅有茶庄村、风景村和圣人堂村三个样本村属于该类型。在江浙地区，部分旅游发展较为发达的村落，村委会依据旅游发展制定相关制度，例如，培训制度、定价制度（农家乐菜品定价、农副产品定价、旅游纪念品定价等）、资质审批制度等，一些旅游制度已经写入村规民约，成为乡村居民共同遵守的契约。茶庄村有超过 100 家农家乐，但是农家乐菜品的价格均在村委会的有效引导下进行了合理定价，基本能使游客感到物超所值、菜品可口，较少出现游客投诉的情形。政策环境不仅包括村落相关村规民约式的规定，还包括上级政府对于乡村旅游发展的引领性文件。对于旅游发展较好的村落，村一级的行政单元很难有足够的经济能力和科学的规划能力支撑乡村旅游的发展，因此，乡镇甚至县市都有可能出台相关政策来推动村落乡村旅游的发展，上级政府联动村委会和相关企业为村落旅游发展提供智力支持。

最后为内生潜力和发展规模障碍型，主要体现为自主经营旅游企业数量和建设用地面积两个障碍因子，两县市仅有燕窝湾一个样本村属于该类型。建设用地面积受制于多个因素的影响，山区崎岖不平的地势增加了设施建设的难度，景区的知名度和辐射范围与建设用地具有相关性，景区等级越高，旅游相关设施越完善，相关建设用地越多。燕窝湾村是燕儿谷景区核心区域，燕儿谷是国家 AAA 级旅游景区，除核心旅游景点的建设外，燕窝湾村通过村企联建的形式不仅发展乡村旅游，而是在乡村旅游的基础上推动了休闲农业、乡村旅游和健康养老的融合发展。因此，相关建设用地增加较多。休闲农业和健康养老产业发展吸引的游客已与乡村旅游发展密不可分。赏花、徒步、民俗、非遗、康养等多元化的旅游活动而形成的旅游综合体是罗田县乡村旅游发展的典范。未来，燕窝湾村将紧抓时代发展机遇、充分利用好毗邻318国道的区位优势和优美的自然生态环境，在旅游发展上更上一层楼。

第三节 IRT视角下林区振兴模式识别及调试策略

一 振兴模式识别

旅游发展与乡村振兴的二元互动关系是旅游学、地理学、社会学等多学科领域研究的重要议题。融合型乡村旅游（IRT）的产生与发展不同于以往 Pro-Poor Tourism（PPT）和 Sustainable Tourism-Eliminating Poverty（ST-EP）聚焦于扶贫、减贫的发展模式，融合型乡村旅游关注创造公平发展环境和实现乡村地域可持续发展。2020年，我国实现了全面脱贫，正式迈向了乡村全面振兴的新时期，融合型乡村旅游与当下我国乡村的发展进程和复兴目标相契合。以"融合性"（integration）为基础的旅游发展模式与城乡融合发展的理念不谋而合，融合型乡村旅游的视角，既是对西方有益乡村发展模式的借鉴，也是对国内基于IRT研究的拓展与延伸，在我国乡村正处于巩固脱贫攻坚成果与乡村振兴有效衔接、乡村全面振兴发展的关键时期，既具有理论意义，也具有时代价值。

森林、乡村空间交错，边界模糊的林区乡村是学术界忽视的一个空间，林区乡村是多种功能区域的复合空间，地域和政策的特殊性使其在发展过程中障碍重重，是我国乡村地域社会经济发展的洼地。林区乡村大多是集中连片特困地区所在地，从林场建立初期的国营事业单位眷顾下的乡村社区到精准扶贫时期难啃的"硬骨头"区域，再到乡村振兴时期的滞后地带，经历了林区乡村身份的转变以及由此带来的主体认同、产业业态、基础设施、地域边界等系列变迁。何以复兴、以何复兴成为林区乡村面临的时代难题,笔者在前期田野调查基础上,深入观察林区乡村旅游和乡村发展动态,从融合型乡村旅游的视角,并结合乡村自然和人文本底特征、产业发展现状和区位条件等,科学识别林区振兴模式。研究发现案例地林区乡村振兴主要有以下五种模式：资源禀赋型、政策促进型、产业带动型、资本驱动型和乡贤引领型。为更好阐释五种模式的特征,分别以典型个案进行分析,以期为林区其他乡村地域振兴发展提供可借鉴的案例支持与经验支撑。

（一）资源禀赋型：乡村旅游＋休闲农业

优美的自然风光、独特的人文风情是乡村旅游得以开发和发展的资源基础,回顾潜山市和罗田县的乡村旅游发展历程,不难发现,拥有资源禀赋的村落在县市范围内率先发展乡村旅游,逐渐成为区域内乡村旅游发展的先锋。潜山市的天柱山风景名胜区凭借天柱山奇特地形地貌、清新的空气、舒适的自然环境等成为游客的康养胜地,罗田县的薄刀峰和天堂寨景区是在林场基础上建立而成的,它们都是大别山世界地质公园的一部分,较高的海拔和葱郁的树林为避暑旅游提供了良好条件。良好的资源本底在乡村精准脱贫时期发挥了重要作用,为乡村振兴提供了助力,是资源禀赋型林区乡村振兴模式的基础。

聚焦于案例地具体地域特征,依据田野调查实践,刻画资源禀赋型模式下乡村复兴逻辑,有助于旅游资源在保护与开发中取得平衡。案例地拥有优异自然和人文旅游资源的村落逐渐形成了以"乡村旅游＋休闲农业"为主的模式,以天柱山风景名胜区核心村落茶庄村最为典型,风景村与万涧村也逐步与茶庄村齐头并进。

天柱山风景名胜区由天柱山旅游管理委员会管辖,但景区核心区域位于茶庄村区划内,因此茶庄村成为景区型村落,各主体间的利益协商与博弈深刻影响到乡村旅游的可持续发展。乡村旅游是茶庄村的支柱产业，旅游发展带动的餐饮业、零售业、住宿业等延长了产业链，给茶庄村居民增加了收入来源。乡村旅游发展过程中，部分茶庄村本土能人凭借较高的经营与管理能力、较为充足的经济资本参与到决策者的阵营，为茶庄村乡村旅游的发展增加了本土话语权。部分茶庄村留守妇女和老人通过自己的劳动获取收入，在景区、游步道、游客接待中心等场所承担清洁工作，维系了茶庄村的干净与整洁，给游客留下了较为良好的印象。部分返乡能人见识到家乡发展乡村旅游带来的红利，将在外界学习到的较为先进的经营与管理理念应用于乡村旅游发展过程中，投资建设酒店、娱乐休闲场所、特色产品专营店等，成为茶庄村的个体工商户。由此可见，茶庄村在发展乡村旅游的过程中，注重居民旅游参与和乡村旅游的内生式发展，也做到了发展成果由人民共享。在茶庄村居民以多元化的方式参与到乡村旅游发展中的同时，茶庄村乡村干部也在积极为乡村旅游的进一步发展探寻新的思路。为茶文化节等茶庄村品牌节事、长板速降等体育赛事活动进行招商引资，在举办各类活动中也提升了茶庄村的知名度和美誉度。

茶庄村乡村旅游发展以康养、休闲著称，为增加游客的参与体验性，部分返乡能人开始发展休闲农业，通过流转居民土地，规模化经营果蔬园，尤以蓝莓采摘园和草莓采摘园为甚。天柱山名胜区的游客多为周边城市居民，对田园生活有些许向往之情，多数游客愿意参与到果树采摘过程中，游客可以较低的价格购买采摘的果树农产品，果蔬园不仅增加了游客的参与体验性，也增加了当地居民的生计资本。越来越多的游客喜爱在草莓采摘园购买由自己采摘的草莓，他们认为较自己直接购买草莓更具获得感和喜悦感。休闲农业的发展也紧抓时代背景下的人格特征，既增加了茶庄村居民的生计选择，也为乡村旅游的持续发展提供了助力。

乡村旅游和休闲农业的相辅相成、相互促进是茶庄村在内的资源禀赋型村落振兴的核心逻辑，乡村旅游的发展为休闲农业提供了客源，而休闲农业的发展为乡村旅游提供了丰富且天然的原材料和旅游产品，二者相互渗透。但以茶庄村为典型的资源禀赋型村落的乡村旅游发展虽注重居民的内生参与，但在重要活动或节事举办中具有较强的资本依赖性，且旅游场域内主体较为复杂，社会网络关系需要持续性维系，以避免社会裂痕的出现。

（二）政策促进型：美丽乡村 + 乡村旅游

自 2008 年浙江省安吉县提出"中国美丽乡村"计划以来，国家也出台了美丽乡村建设规划纲要，为美丽乡村建设指明了方向。美丽乡村建设是社会主义新农村建设的升级版，在各层级美丽乡村示范村的评选中，县、市、省乃至国家级的美丽乡村具有明确的指标体系，为美丽乡村建设规范提供了框架。美丽乡村建设对基础设施完善、人居环境美化、乡村景观保护、传统文化传承、产业持续发展等提出了更高要求。案例地有部分乡村相继入选省级、国家级美丽乡村示范村名单，如潜山市官庄镇官庄村在逐级申报美丽乡村示范村的过程中，整治并美化人居环境，同时依托金紫山森林公园、德馨庄国家 AAA 级旅游景区发展乡村旅游，一种"美丽乡村 + 乡村旅游"的政策促进型乡村复兴模式由此形成。

在美丽乡村建设和乡村振兴战略等引导下，省政府、市政府等相关单位会定期组织人员前往官庄村进行考察，核实美丽乡村建设成果。在田野调研实践中，课题组成员恰逢市政府相关人员来访官庄村，并进行入户调查，主要交流官庄村民宿发展情况。市政府相关人员介绍，官庄村是潜山市北部地区的重要旅游村落，因此在政策支持层面有一定的倾斜，尤其是在人居环境整治和优化方面，投入了较多资金，在乡村旅游发展层面，针对德馨庄的修缮与维护、金紫山森林公园游步道的修建等均予以资金扶持。在申报省级、国家级美丽乡村示范村的过程中，官庄村村干部召开相关村民会议，积极引导乡村居民规范宅基地建设、维持村落环境干净整洁、主动参与乡村旅游发展。部分乡村居民也自愿流转土地给本地能人或外来经营者，进行规模化种植，尤以百亩桃园著称，百亩桃园在春天花开季节也成为官庄村乡村旅游的重要旅游景观。

官庄村在美丽乡村建设的基础上，依托德馨庄、金紫山森林公园、官庄老街以及因美丽乡村建设而兴起的休闲农业（百亩桃园、荷花园地）发展了乡村旅游，是潜山市北部地区旅游发展较为迅速的一个村落。德馨庄是清乾隆年间建设的古民居，为余式家族五世同堂的居所，德馨庄所表征的孝文化是该建筑群展现出的核心意涵。如今的德馨庄在历经几百年后，古建筑群依然保持完好，经过几次修缮，仍能体现出皖南民居特色，是游客喜爱的旅游景点之一。前往官庄老街和金紫山森林公园的途中，道路两侧是百亩桃园，春天时节，百亩桃花竞相盛开，许多游客慕名而来，吸引了多个年龄段的游客拍照打卡；夏秋季节，百亩桃园果实累累，游客可以体验桃子采摘，同时实现旅游和农产品销售。成片的荷花园地给炎热的夏天增添了些许景色，收获季节时的莲子和秋末冬初时的莲藕也为村民增收提供了产品来源。

官庄老街素有"豆腐之街，书画之乡"的美誉，适宜的气候、较高的海拔、良好的土质等是官庄豆腐嫩、鲜、白并享誉国内外的重要因素。如今的官庄老街，家家户户仍保持着传统制作豆腐的方法，豆腐的吃法也日渐多样，成为名副其实的豆腐一条街。由此往上的金紫山森林公园，气候宜人、湿度适中，是人们游玩、休闲的良好场所，成片的茶园既是一幅美景，也是当地居民增加收入的重要来源。美丽乡村建设和乡村旅游发展的联动促使官庄村收获了许多美誉，如"中国美丽休闲乡村""中国人居环境范例奖""中国美丽宜居村庄示范""中国森林乡村"等，是政策促进型乡村复兴模式的样板。政策主导下的乡村发展中，人造景观成为乡村旅游发展中的重要一环，招商引资是官庄村村委会的重要任务。在此背景下，原本拥有经济资本的本土居民能够参与到旅游发展中，而那些缺少经济资本留守在村落中的居民缺乏旅游参与的机会，较少享受到旅游发展带来的直接经济效益。且依托桃园、荷花园等景观发展的乡村旅游具有较强的季节性，旅游旺季时需考虑旅游承载力，避免游客量过大对桃园的损害和土壤的过度踩踏而导致土壤水分的缺乏和土质肥力的下降。旅游淡季时需考虑扩大旅游吸引力，维系乡村旅游的持续性发展。

（三）产业带动型：现代农业＋林下经济

产业兴旺是乡村振兴战略实施的目标之一。增强农业生产发展的综合实力，形成高质量的农产品供给体系，实现乡村一二三产业的融合发展是产业兴旺的核心要义。以往扶贫旅游发展的重点在于，通过旅游发展促进乡村农副产品的销售，达到乡村居民的增收。而案例地部分村落通过引进现代科学技术和生产经营理念，发展现代农业，如"中华甜柿第一村"錾字石村、上石源河村的白萝卜基地、桥头边村的菌类基地等，尤以錾字石村为典型。通过甜柿的采摘、加工、销售、宣传等逐渐形成了"錾字石"品牌，在以甜柿为龙头的基础上，錾字石村也发展了以天麻、茯苓等为主的林下药材产业，"现代农业＋林下经济"的模式是区别于其他小农经营的村落的发展之路。

产业带动型的乡村复兴模式的前提是具备产业发展的基础，錾字石村区划内种植了上千株古柿树，秋末冬初时节甜柿成熟时，挂满金黄果实的甜柿树是一道独特的景观。錾字石村的独特地理位置是柿子甜、脆、大的重要原因，錾字石村的柿子又甜又脆、个头较大是其闻名于甜柿界的核心竞争力。古柿树树枝奇特的造型也是写生的对象，每年都会吸引众多爱好者前来写生。基于上千株古柿树而形成的甜柿生态文化是甜柿文化节的内核，每年的甜柿文化节会吸引全市乃至全省的甜柿种植大户（村落）、甜柿产品经营商户参与，錾字石村的甜柿已形成了享誉省内外的品牌效应。在每年甜柿成熟的季节，周边乡镇甚至罗田县周边地区的居民都会前来购买甜柿及其相关产品，如甜柿干、甜柿罐头等。

錾字石村在发展甜柿产业的过程中，获得不少省内企业的资助，如三峡集团资助錾字石村200万元，用于甜柿及其他农产品的标准化生产和加工车间的建设。虽然錾字石村没有直接发展乡村旅游，但甜柿产业的发展也吸引不少游客前来参观、游览并购买甜柿相关产品。部分錾字石村居民将甜柿采摘权承包给经营大户，用于甜柿的规模化和专业化经营、生产与加工，延长产业链避免仅销售原果而获取表层收益。部分居民参与甜柿加工环节，成为甜柿加工车间的工人，他们是甜柿从开花、结果到成熟的见证人，也是最熟悉甜柿的一批人，其通过参与到产业发展过程中而获取生计来源。

单一产业发展模式会增加村落经济发展脆弱性，因此，錾字石村在发展甜柿产业的同时，发展林下药材，但规模较罗田县北部地区小，属于发展起步阶段。罗田县林下经济主要是林下药材种植，其中种植较多的是天麻和茯苓两种药材，錾字石村也有部分农户进行种植，由村委会邀请的药材种植能手进行科学培训，利用现代覆膜进行喜阴类中药材种植。"现代农业＋林下经济"形成的产业带动型模式使錾字石村居民走上了致富的道路，但农业主导的产业发展模式较大程度上受自然条件的影响，若自然灾害导致甜柿结果情况不好，或导致林下药材减产，则将直接影响到錾字石村的生计资本，具有较大的潜在脆弱性。

（四）资本驱动型：外界资本＋内生资本

城市的游乐场所，多为人工建造，需要花费较大的人力和经济资本，同时需要通过持续的经营和运转来实现资金的回流。缺乏良好资源本底的乡村也可以通过人工建造旅游景点来发展乡村旅游业，前期需要较大金额的投资，对于一般村落而言没有足以支撑人工建造、经营管理旅游景点的经济资本，且人工建造旅游景点在后期的运营管理过程中具有较大潜在风险，如投入的资金难以回流、人工设施的折旧、游客的重游率较低等。在一些宗族势力（此处势力体现为家族发展较好，具备良好的经济资本）较为强大的村落，依托宗族的家乡情结，在宗族经济资本的鼎力支持下，实现了村落的转型发展，上述情境多出现在江浙闽一带。潜山市乐明村也是宗族推动乡村发展的典型样本，宗族资本是内生资本的代表，乐明村发展转型的模式可以被归纳为资本驱动型。

乐明村自2018年以来，深入解读全域旅游发展战略，通过人工建造旅游景点的方式发展乡村旅游，虽然处于旅游发展初级阶段，但旅游融合性处于中等水平。乐明村是"范"姓家族所在地，村域内建有"范"姓文化宗祠，具有本村祖籍的宗族人员在外经商较为成功，乐明村村干部讲述"我们村具有亿元资本的本籍人员可以围成一桌聚餐，可能位置还不够"，由此可见，乐明村以经济资本为表征的宗族势力较一般乡村地域更强。多数经商成功者愿意投资建设家乡，在具有本村户籍的经商成功人员的大力投资下，乐明村建有养鹿基地、茶文化园、农耕文化体验基地等旅游景点，如今越来越多的城市居民愿意前往乡村地域体验农耕文化，享受田园生活的惬意与舒适。

具有本村户籍的经商成功人员的投资是乡村内生资本的体现，在内生资本的支持下，乡村在发展过程中有更多的内在话语权和自主掌控力，能够免受外界的侵入与干扰。与内生资本相对应的，还有一种外界资本驱动型模式，乡村本身在没有良好经济本底的条件下，通过吸引外界资本的注入，实现乡村的转型发展。外界资本注入的同时，是外界经营管理理念、人才、技术等多要素对传统乡村地域的输入，使乡村场域内主体更加多元化，多元化主体间的利益博弈与话语争夺更为复杂。无论是内生资本引导还是外界资本驱动都具有一定的局限性，如今伴随着资本下乡的趋势都愈加明显，内生资本与外界资本在乡村地域的叠加成为新的浪潮，各主体的行动逻辑有待进一步剖析。

（五）乡贤引领型：能人返乡+村企联建

乡村振兴战略是解决新时代社会主要矛盾的重要抓手，是实现城乡融合发展的重大战略举措，对实现中华民族伟大复兴中国梦具有重大现实意义和深远历史意义。然而，乡村人口持续外流伴生的社区空心化、农业边缘化、主体老弱化与生态脆弱化等一系列问题阻滞了乡村社区的可持续发展与复兴。与此同时，《国务院办公厅关于支持农民工等人员返乡创业的意见》《鼓励农民工等人员返乡创业三年行动计划纲要（2015—2017年）》提出，鼓励农民工、大学生、退役士兵等人员返乡创业，旨在通过大众创业、万众创新推动乡村振兴与城乡融合。《乡村振兴战略规划（2018—2022年）》提出"深入推进农村集体产权制度改革，推动资源变资产、资金变股金、农民变股东，发展多种形式的股份合作"。这为乡村振兴指明了可行的方向，即通过动员社会力量参与乡村振兴。

随着返乡能人、乡贤参与乡村建设与治理的深入，社会学、政治学与管理学等领域的学者开始思索返乡能人在乡村建设和治理中扮演且应扮演的角色，"富人治村""精英俘获"（elite capture）等成为学术界颇具争议的认知。也有学者认为，乡村能人参与社区建设与治理有利于引导以地缘、血缘为核心的乡土秩序的回归，提升了乡村社区内源治理能力。在能人返乡基础上的村企联建（村企统合，村企共建）源于20世纪七八十年代依托乡镇企业发展形成的温州模式、苏南模式及珠三角模式，但从精准扶贫至乡村振兴，新时代语境下的资本下乡与村企合作不可同日而语，外来力量与乡土社会的互动更为复杂，工具理性与价值理性的权衡更为关键。

2022年中央一号文件指出，"广泛动员社会力量参与乡村振兴，深入推进'万企兴万村'行动"，燕儿谷通过村企联建助推旅游精准扶贫成为世界旅游联盟旅游减贫典型案例，"燕儿谷经验"能够为其他乡村地域产业发展、乡村治理、创造就业、推动发展等发挥示范带动作用。在燕儿谷进行持续性与系统性的田野调查，研究燕儿谷从能人返乡到村企联建的逻辑径路与关系联结，正是对国家关于全面推进乡村振兴的积极回应与思考。

二十年前的燕窝湾村，因无序建设养鸡场、砖瓦厂等导致村落环境十分脏乱，崎岖不平的小路、空气中的尘埃与刺鼻气味、破旧低矮的平房等呈现了当时的村落面貌，村域范围内的土地因大多数劳动力外出务工而处于荒芜的境地。二十年后的今天，"山水嘉卉，谷候燕归"。燕儿谷从能人返乡、"乡土企业"成立，到村企联建模式的探索，再到片区发展思想的萌芽，及其发展的实践过程，既是扭转村落共同体式微、消解与衰退的过程，也是形塑"村企"命运共同体的生动历程。燕儿谷的村企联建是以旅游助推精准扶贫的典范，也是先富带后富最终实现共同富裕的样板。但能人返乡与村企联建的驱动机制是什么？其间村委会、居民、企业等多元主体进行了怎样的协商与博弈？不同利益主体在建构话语权时的行动逻辑是什么？上述问题有待进一步思考。

二　调适策略凝练

（一）"资源禀赋型"村落的IRT发展与振兴策略

1. 保护旅游资源，避免过度开发

资源禀赋型村落能较为容易地开展旅游规划与开发，一般情况下，其居民也最早感知到乡村旅游发展给经济发展和生活质量带来的红利。此类型案例村绝大多数居民对乡村旅游发展持积极的态度，并希望乡村旅游发展更快、规模更大。利益的驱使将导致他们进行无序的建设，影响到村落整体人居环境。旅游经营者和管理者（企业或政府）由于沉浸于乡村旅游短期内带来的巨大经济效益，或盲目地进行旅游资源开发，或漠视旅游承载力的限制，造成旅游资源的破坏，削弱了旅游资源的独特性与吸引力，影响了乡村旅游的可持续发展。

过度开发旅游资源在我国乡村旅游发展实践中并不少见，由此造成的冲突和矛盾进一步成为旅游迅速发展又迅速衰退的重要因素。茶庄村作为天柱山风景名胜区的核心区域，主要依托天柱山自然风光和舒适温度，在保护中进行开发、在开发中进行保护表现得尤为重要。在旅游旺季，茶庄村应控制一次性上山人数，避免对游步道的过度踩踏，同时减缓由于游客数量太多而无法及时清理垃圾导致的多种形态的垃圾污染问题。在缆车建设过程中，尤其应注意山体整体特质，不随意进行山体破坏，不适合修建缆车的地域坚决不进行修建，从而保持山林的原始自然风光。

2. 协调场域主体，维系社区关系

乡村旅游发展以后，外界资本、商户、游客等进入传统乡村场域，使其逐步向多元主体共在、多种要素共存的旅游场域转变。不同于传统的乡村场域，旅游场域具有更加多元化的主体（旅游管理委员会人员、村干部、居民、外来商户、外来旅游经营者、游客等），因此旅游场域的社会联系更为复杂。每个主体都有自己的行动逻辑和价值理性，需要在旅游动态发展过程中把握主体之间的协商与博弈。

罗田县薄刀峰景区曾因主体间利益没有协商好，而导致景区堵路的事件发生，对当地旅游发展造成了较大影响。茶庄村旅游场域中，旅游管理委员会对乡村旅游发展起引导性和指导性作用，对上级政府旅游相关政策与规定进行解读，同时进行招商引资，以支持村落旅游的可持续发展。村干部是协调场域内关系的核心主体，是外来主体与本土居民间的协调者，同时也是乡村旅游发展过程中各类活动与节事的组织者和监督者，确保旅游活动的顺利开展和进行。外界经营者有利于活化原本乡村场域的固态经营结构，形成多元化的市场竞争机制，推动旅游服务提供朝（向）高质量方向发展。村干部应积极引导外来经营者与本地经营者进行有序竞争，并推动、促进他们之间的合作与共赢。传统乡村场域向旅游场域转变的过程，也是原有的地域共同体历经破碎、解构向新的地域共同体组合、建构的过程。

（二）"政策促进型"村落的 IRT 发展与振兴策略

1. 把握发展机遇，美化人居环境

我国乡村发展经历了社会主义新农村建设、美丽乡村建设、精准扶贫、乡村振兴等多个发展阶段，每个阶段国家都会出台相关政策，这些政策从经济、社会、文化等多层面为乡村发展提供了机遇。社会主义新农村建设时期，部分乡村由于区域环境恶劣不适宜居住需要进行整村搬迁，从而在其他地域建立了新农村。美丽乡村建设时期，部分乡村以其良好的自然本底和社会本底为基础，建设了各级美丽乡村示范村。从精准扶贫到乡村振兴时期，部分乡村在相关政策扶持下，摘掉了"贫困村"的帽子，走向了乡村复兴的新时期。每个阶段的政策都为乡村发展提供了机遇，但同时也存在挑战。

乡村发展需要把握发展机遇，充分发挥乡村发展相关政策的红利作用。罗田县是国家级贫困县，而罗田县县域范围内也有数量不少的国家级贫困村。自精准扶贫以来，国家给罗田县划拨扶贫资金，结合罗田县因地制宜发展的养殖业扶贫、林下药材扶贫、易地搬迁扶贫等多种扶贫方式，使罗田县在 2019 年如期打赢了全县的脱贫攻坚战。国家给予贫困村扶贫资金中的一部分也用于改善乡村的人居环境、修建通村公路、修建卫生厕所等，很大程度上改善了以往落后的人居环境面貌。因此，在乡村振兴背景下，各村落也应该抓住发展机遇，进一步美化人居环境，规范家庭宅基地建设、合理流转与经营乡村土地、改善乡村人口密集处照明设施建设等，逐渐实现乡村美与乡村富的振兴目标。

2. 注重内生发展，发挥政策效果

乡村内源式发展能够为乡村地域可持续发展提供力量源泉。官庄村在政策引导下，发展了以生态文明与休闲宜居著称的乡村旅游，但较多旅游景点是人造景点，较大的成本使官庄村村委会需要通过招商引资来维持旅游景点的日常经营和管理。在此背景下，当地居民较少参与到旅游发展中，且由于官庄村离官庄镇距离较近，游客多在官庄镇就餐和住宿。从通往金紫山森林公园的必经之路即可看出，道路两侧多为居民自建房屋。由于房屋主人长期在外务工和其他原因，多数房屋处于闲置状态，较少开办农家乐。未来，官庄村乡村旅游发展应注重充分调动居民旅游参与的积极性，让乡村发展或乡村旅游相关政策惠及更多居民，从而真正让居民共享旅游发展成果。

3. 紧随时代战略，确立发展方针

乡村振兴背景下，乡村旅游发展成为复兴乡村的有效途径。官庄村具备发展乡村旅游的良好资源本底与经济基础；此外，它还是潜山市北部地区较为重要的乡村旅游目的地。因此，官庄村需紧随乡村振兴发展战略，确立适合地域本底的旅游发展方针，明晰官庄村乡村旅游在潜山市的发展定位，从而科学指导官庄村乡村旅游的发展。官庄村可以从形象定位、发展口号、发展策略、发展重点与难点等方面形成乡村旅游发展整体指导意见，为制定科学、合理的旅游发展规划提供指引。

(三)"产业带动型"村落的 IRT 发展与振兴策略

1. 引进先进技术,发展现代农业

相较美国、法国等欧美国家的现代农业,我国长期自给自足式的经营和广大农区复杂的地形地势,导致农业机械化水平整体相对较低。同样,将视野聚焦于大别山区罗田县或潜山市,不少经营大户在流转居民土地进行较大规模的农业生产时,也存在丰收季节时需雇用当地居民的情况。如"中华甜柿第一村"——鏨字石村,甜柿树是一种高度不高,但是树枝较为纤瘦的品种,在甜柿采摘上需要借助长杆,且为确保甜柿树能够充分接受阳光的照射,甜柿树种植间距要求较大。由于这些原因,使甜柿采摘无法实现机械化,但是可以在甜柿原果加工与相关产品生产过程中进行机械化运作,一方面提高产业生产效率;另一方面也能够延长产业链,增加产业发展效益。

近些年,鏨字石村逐渐意识到延长产业链的必要性,也获得了三峡集团的投资,用于建设产品加工厂,从而提升了甜柿产品的在地性效益。鏨字石村由于产业的特殊性,只能在原果采摘后的程序中引进现代技术,形成机械化运作,而部分乡村在发展果蔬园时,在初始种植阶段即可引进相关技术,发展现代农业。以草莓园地为例,利用大棚种植技术、滴灌浇水技术等,使草莓作为一种温带水果能够在现代技术支撑下实现多季节结果与采摘,从而增加草莓园地的经济效益。此外,在草莓的加工环节,可以与相关厂商合作,引入现代设备,进行草莓罐头、草莓果茶等草莓附加产品的生产,延长草莓产业链。产业带动型村落在相关产业培育、生产、加工等阶段,有区别于甚至领先于其他村落在发展该产业所具备的相关基础本底条件、产品生产技术或产品销售渠道。

2. 利用宣传手段,形成品牌效应

现代信息社会发展情境下,多数企业在销售相关产品前都会利用自媒体或其他活动对相关产品进行宣传,提高产品曝光率。产业带动型村落就是一个以村庄为单元的企业,也需要对其产品进行合理的宣传,从而提升产品的知名度和美誉度,增加顾客的潜在购买欲望。当前,錾字石村主要是依托现有"中华甜柿第一村"的响亮名号组织甜柿文化节等活动,吸引全县乃至全省的甜柿产品经营商户、厂家前往进行展销活动,有力推动了錾字石村的甜柿产品走出罗田县,迈向了更加广阔的销售舞台。但是目前的甜柿文化节只能将錾字石村的甜柿产品带到专业人士的面前,而不能直接呈现于潜在顾客的眼前。因此,为了扩大錾字石村甜柿产品的潜在市场,需要利用新媒体平台,如抖音、微信、微博等日常使用频率较高的媒介进行宣传,甚至可以借助直播平台进行直播带货活动,在增加甜柿产品销售数量的同时,扩大甜柿的品牌效应。

3. 推动产业融合,形成多元生计

前文提到,单一的产业发展模式容易陷入脆弱性的桎梏,单一的农业生产模式在自然灾害来临时容易造成较大的损失,进而导致投入产出的严重不匹配而挫伤乡村产业发展的积极性。对"中华甜柿第一村"名号的依赖容易使錾字石村过度依赖甜柿及其相关产品的销售,一旦某年气候条件不适宜甜柿结果,或结果后因气候条件糖分不足而使原果的质量下降,錾字石村则会因单一的甜柿产业而陷入收入减少的困境。因此,在发展甜柿产业的同时,錾字石村应凭借现有的工厂和设备带动其他农产品的生产与加工,同时发展林下经济(主要为林下药材和林下养殖业)。此外,依托"中华甜柿第一村"的美誉,打造相关旅游设施并组织旅游活动,发展乡村旅游,推动村落一二三产业融合发展,使居民具备多样化的生计选择,提升其生计自由度,从而提高村落发展的韧性水平。

(四)"资本驱动型"村落的 IRT 发展与振兴策略

1. 合理利用资本,掌握发展权益

资本驱动分为外界资本与内生资本,外界资本多为村落招商引资，或者资本下乡，内生资本则体现为在地能人或返乡能人的经济资本，或者在外从商而具有本村户籍的人员由于浓厚的家乡情结对家乡进行的投资。外界资本的进入，不管是乡村旅游的发展，还是产业发展，都容易因为外界资本以及随之而来的外界经营、管理能力与技术和外界人才，使村落本身在旅游或产业发展层面丧失话语权，本村居民在旅游发展过程中逐渐被边缘化。被外界资本占据发展主动权，将会导致村落内生性发展能力减弱，容易激化现有乡村发展中的矛盾。内生资本虽为在地能人或返乡能人所具有的经济资本，但在发展过程中容易导致部分拥有经济资本的居民参与到旅游发展中，而缺乏经济资本的居民逐步边缘化。然而，拥有经济资本的居民毕竟是少数，还是会形成少数人主导发展的局面。

综合来看，资本驱动型村落容易陷入资本营造的陷阱，不管是外界资本，还是内生资本，都需要对其进行合理利用，避免对资本产生依赖。乐明村虽为内生资本驱动型村落，在外界具有户籍人员的资本支持下，以"范"姓文化宗祠为核心凝聚力，先后建设养鹿基地、茶文化基地、农耕文化体验基地等，由于提供资本的人员长期在外经商，而村域内的乡村旅游发展等均由村委会进行主导，村落本身对乡村发展与复兴具有主动权。对于资本驱动型村落，掌握自身发展权益尤为重要，在利用资本的同时，需要摆脱资本的挟持，尤其是在资本下乡过程中衍生出的技术、人才等多层面下乡的情境下。

2. 明晰行动逻辑，协调利益博弈

资本驱动型村落在资本进驻的过程中，随之而来的是外界生产经营技术的引入、外界人才的进入及先进管理理念的渗入等，伴生资本下乡的是多元要素对乡村地域的侵袭。在这一过程中，资本对乡村地域产生的影响是多方面的，由于利益协商的不到位，容易滋生较为复杂的主体矛盾，进而使资本下乡陷入窘境。因此，需要解析不同利益主体在建构话语权时的行动逻辑，从而分析村委会在引导、调解与管理中的作用，资本下乡中企业技术与人才的影响，以及居民在此过程中身份、生计与认同产生的变迁，进而多维度、多视角刻画村委会、企业、居民等多元利益主体在乡土社区场域中协商与博弈的过程。在此基础上，构建良好的社区发展协商机制，听取各利益主体的诉求，从而最小化各利益主体之间的矛盾与争端。

（五）"乡贤引领型"村落的 IRT 发展与振兴策略

1. 动员社会力量，推动乡村振兴

2022 年中央一号文件指出，"广泛动员社会力量参与乡村振兴，深入推进'万企兴万村'行动"。燕儿谷通过村企联建助推旅游精准扶贫成为世界旅游联盟旅游减贫的典型案例。"燕儿谷经验"能够为其他乡村地域产业发展、乡村治理等发挥示范带动作用。以燕儿谷为研究对象，进行持续性与系统性的田野调查，对燕儿谷从能人返乡到村企联建的逻辑径路与关系联结进行研究，正是对全面推进乡村振兴的积极回应与思考。关注居民的身份认同与生计变迁，也正体现着以人为本的中国特色农业农村现代化发展道路。

2. 破解资本困境，实现共同富裕

在乡村地域人口老龄化、社区空心化、农业边缘化的现实背景下，发展不平衡与不充分在广袤乡村地域表现得尤为明显，制约着共同富裕目标的实现。在此情境下，外界资本进入乡村社区并推动农业农村的发展与复兴有其合理性与现实意义。但在以血缘与地缘为核心的乡土社会，外界资本与社会力量容易遭到乡土社会的漠视与排斥，使村企关系陷入僵局与困境。因此，探寻燕儿谷发展过程中，村委会、企业和居民等多元主体的协商与博弈，分析不同发展阶段各利益相关者的行动逻辑，可为破解资本下乡面临的僵局与困境提供有效经验。

3. 提升治理能力，增强社区活力

乡村治理现代化是国家治理现代化的基础，乡村治理体系的完善与发展事关国家治理能力与治理体系全局。中国特色社会主义制度使国家政治权力植入乡村社会，全面建设社会主义现代化的征程中伴随着乡村居民意识的觉醒。乡村社会经济发展体现的外源式动力与解决乡村社会经济发展存在的问题显现的内在性需求促使发展与治理在乡村交汇，乡村治理的现代化成为乡村振兴的必然选择。乡贤引领型村落容易陷入"精英俘获"的困境，造成少数人治村的难堪局面。因此，需要提升社区治理能力，避免少数人主导乡村发展的境况，同时增强社区发展活力，积极调动居民参与社区治理的积极性。

第五章 结论与讨论

第一节 结论与对策

乡村衰退是全球面临的共同挑战。在快速现代化与城镇化背景下，乡村发展不充分与城乡发展不平衡仍是阻滞中国现代化进程的重要障碍，也是当前社会发展主要矛盾的关键表征，而林区代表的特殊乡村地域（林区山区、革命老区和民族地区等）的衰退现象正是中国乃至全球乡村社会在现代化进程中产生的不稳定、不可持续的表征。为顺应破解中国社会主要矛盾和突出问题、实现乡村可持续发展的现实需求，本研究尝试结合旅游地理学与乡村地理学的跨学科理论范式，在西方 IRT 理论架构和水平评价的逻辑基础上，提出并阐释了乡村旅游融合性的概念，构建了乡村地域系统多功能提升目标下乡村旅游融合性的认知框架，建立了中国本土化的乡村旅游融合性测度评价指标体系。以同属大别山区境内的安徽省潜山市为主要案例地、黄冈市罗田县为辅助案例地，遵循"表层实践—深层逻辑—具体路径"的研究思路，探讨了旅游影响下林区地域边界、生计方式、社区文化、主体关系的特征与演化。采用野外调研获取的统计、问卷数据和访谈文本，测度了"35+17"个样本村的乡村旅游融合性，运用 ArcGIS 空间可视化、地理探测器等方法分别刻画了潜山市和罗田县乡村旅游融合性水平的空间格局，并挖掘影响乡村旅游融合性水平空间分异的主导因子。

一 表层实践：林区乡村旅游发展与社区演化

从林区发展脉络结果来看，在原有林区地域自然本底的基础上，伴随着经济结构的转型与旅游属性的开发，薄刀峰林区发展经历了林场旅游开发之前、自主开发合作期、主体更替过渡期、多元博弈竞争期与理性回归融合期五个阶段。旅游驱动下的林区地域也呈现地域边界不断拓展与模糊、生计多样性与自由度得以提高、社区文化网络不断更新与重塑、主体关系复杂性与融合度逐步显现等演化规律。

从居民生计方式变迁来看，改革开放、精准扶贫、乡村振兴等一系列政策在林场社区实施效果的显现对薄刀峰林场旅游业发展、林场社区脱贫攻坚历程与社区居民生计方式的变迁产生了深刻的影响。而林区旅游业的开发、成长、成熟、衰退、停滞与复苏的不同发展阶段的社会情境影响了社区居民的生计选择与生计组合。主要表现为社区居民生计由传统林木经济的单一生计模式向林木粗加工、林下经济、旅游经济及务工经济等多元生计模式转变。

从林场社区演化机制来看，林场职工与周边居民以"共同在场，关系联结"的方式形成了逐步扩大、统合的林区地域共同体，主体身份认同、业态认同、文化认同以及在此基础上地域综合认同等多元媒介在人与人的互动、人与地的耦合中发生演变。政治边界、经济边界、文化边界等地域边界在林区地域共同体建构、解构与重构的过程中产生变迁，两者共同表征林场社区的动态演化进程。

二 深层逻辑：乡村旅游融合性水平空间格局与影响机理

（一）乡村旅游融合性水平空间格局

潜山市各样本村乡村旅游融合性水平差异性显著，相较而言，罗田县各样本村乡村旅游融合性水平不均衡性更强，差异更为显著。潜山市乡村旅游融合性各维度得分中，网络维度平均分最高，互补性维度得分最低。罗田县乡村旅游融合性各维度得分差异性较潜山市更为显著，内生性维度平均分最高，互补性维度得分依旧最低。潜山市南部地区乡村旅游融合性水平明显优于北部地区，形成潜中南景区—廊道双重驱动发展优势片区、潜南文旅融合带动发展片区、潜中北发展初始期轴带和潜北生态—文化引领发展潜力片区四大区域。罗田县乡村旅游融合性水平空间格局表现为九资河镇、三里畈镇和大河岸镇整体水平较高，罗田县中部、中南部和中北部地区水平较低。

被授予"美丽乡村"称号的村落乡村旅游融合性综合得分及各维度得分均值整体上高于未被授予称号的村落。多个样本村开始发展乡村旅游的时间早于被授予"美丽乡村"称号的时间，乡村旅游发展助力了美丽乡村建设，但美丽乡村建设未能为乡村旅游发展提质增效，"美丽空心村"的现象是当前潜山市和罗田县提升乡村旅游融合性的"瓶颈"。

潜山市乡村旅游融合性分维度空间格局如下：①网络维度得分总体呈现以风景村、茶庄村与万涧村等形成的中轴线的样本村得分较高，中轴线两侧的样本村得分较低的空间格局。②规模维度得分仅有茶庄村是高水平，整体得分以中等、较低和低水平为主，较高水平的规模维度得分主要分布在潜山市中部地区，尤其是天柱山核心景区的三个样本村，马潭村和源潭村有较高水平的规模维度得分。③赋权维度得分也仅有茶庄村是高水平，但样本村之间的差异性较规模维度小，南部地区样本村赋权维度得分整体比潜山市北部地区赋权维度得分高。④内生性维度得分虽仅有茶庄村是高水平，但处于较高水平和中等水平的内生性维度得分占样本村大多数，较高水平与中等水平的内生性维度得分的样本村呈现组团格局，以天柱山为核心的区域及周边地域是最大的组团，潜山市北部地区和中东部地区各有一个小的组团。⑤以茶庄村、林庄村和风景村为核心的区域较潜山市其他地域样本村的嵌入性维度得分情况更好，但嵌入性维度得分两极分化严重，该维度为高水平的样本村和较低、低水平的样本村较乡村旅游融合性其他维度同水平的村落多，即处于中等、较高水平的样本村较少。⑥互补性维度处于较高和高水平的样本村主要沿潜山市纵向的中轴线两侧分布，而离中轴线较远的样本村大多以较低和低水平的互补性维度得分为主。

罗田县乡村旅游融合性分维度空间格局如下：①网络维度得分总体呈现以罗九百里生态画廊沿线分布和以罗胜百里风情画廊沿线分布的样本村得分较高、中部的样本村得分较低的空间格局。②规模维度得分较高的村落主要沿罗九百里生态画廊分布，大别山核心景区内圣人堂村和徐凤冲村得分较高，此外还有燕窝湾村和磙石坳村。西南部地区主要以较低和低水平的规模维度得分为主。③赋权维度得分总体呈现出以罗九百里生态画廊沿线分布和以318国道百里乡村画廊沿线分布的样本村得分较高，北部和西部的样本村得分较低的空间格局。④内生性维度得分仅有圣人堂村、燕窝湾村、徐凤冲村和张家垸村为高和较高水平，中等、较低和低水平内生性维度得分主要分布在罗田县中部地区。其中，大河岸镇中3个样本村均为低水平。⑤嵌入性维度得分总体上都为较低和低水平，较高得分的村落主要是沿罗九百里生态画廊分布的磙石坳村、古楼冲村和张家垸村以及燕窝湾村。⑥互补性维度得分总体上都为中等以上水平，较高得分的村落主要沿罗九百里生态画廊分布，此外还有燕窝湾村和錾字石村，中部地区主要以较低和低水平的互补性维度得分为主。

（二）乡村旅游融合性水平影响机理

潜山市和罗田县乡村旅游融合性水平的主要影响因素有地形地貌、旅游开发时段、资源依托类型、经济发展水平和是否"美丽乡村"。乡村旅游融合性综合得分及各维度得分受到5个因素不同程度的影响，各因素间的交互作用也能解释得分差异。旅游开发时段（51.0%）是最关键、最具影响力的主导因子，其他因子的影响力相对来说较弱，地形地貌、资源依托类型、经济发展水平和是否"美丽乡村"的决定力分别为4.1%、9.8%、6.1%和9.6%。地形地貌对于乡村旅游融合性的影响具有两面性：一方面，山地自然风光和延绵的森林生态是乡村发展旅游的有利基础条件；另一方面，山区地形限制了旅游发展的可进入性，不利于旅游的规模化发展。旅游开发时段也是每个维度得分差异化的主导因子，对嵌入性维度得分的决定力尤为突出。

就两县市区域总体情况而言，各样本村乡村旅游融合性前五位障碍因子及其出现频次为：A级景区数量X_{20}出现51次、自主经营旅游企业数量X_{19}出现50次、旅游发展相关制度X_{26}出现50次、村委会间合作X_3出现23次以及旅游就业人数本村村民占比X_{18}出现23次。归类两县市各样本村乡村旅游融合性障碍因子形成以下3种类型：资源禀赋与内生潜力障碍型主要体现为A级景区数量和自主经营旅游企业数量两个障碍因子，潜山市和罗田县绝大多数样本村属于该类型。资源禀赋与政策环境障碍型主要体现为A级景区数量和旅游发展相关制度两个障碍因子，两县市仅有茶庄村、风景村和圣人堂三个样本村属于该类型。内生潜力和发展规模障碍型主要体现为自主经营旅游企业数量和建设用地面积两个障碍因子，两县市仅有燕窝湾一个样本村属于该类型。

三 具体路径：IRT 视角下林区振兴模式识别及调试策略

深陷乡村衰退困境的中国林区要实现乡村振兴，需从融合型乡村旅游的视角，结合乡村自然和人文本底特征、产业发展现状和区位条件等，科学识别林区振兴模式。研究发现潜山市和罗田县林区乡村振兴主要有资源禀赋型、政策促进型、产业带动型、资本驱动型和乡贤引领型五种模式。以"乡村旅游+休闲农业"模式发展的资源禀赋型村落要保护旅游资源，避免过度开发；协调场域主体，维系社区关系。以"美丽乡村+乡村旅游"模式发展的政策促进型村落要把握发展机遇，美化人居环境；注重内生发展，发挥政策效果；紧随时代战略，确立发展方针。以"现代农业+林下经济"模式发展的产业带动型村落要引进先进技术，发展现代农业；利用宣传手段，形成品牌效应；推动产业融合，形成多元生计。依托外界和内生双重资本发展的资本驱动型村落要合理利用资本，掌握发展权益；明晰行动逻辑，协调利益博弈。以"能人返乡+村企联建"模式发展的乡贤引领型村落要动员社会力量，推动乡村振兴；破解资本困境，实现共同富裕；提升治理能力，增强社区活力。

第二节 不足与展望

研究中融合型乡村旅游理论框架的核心是基于西方研究的思维逻辑，但中国的乡村发展历程和乡村地域本底，与西方终究存在历史性和地方性差异，因此构建适用于全域旅游背景下，可供中国各类不均衡发展地域乡村旅游实践的"本土性"而非"本土化"的融合型乡村旅游理论是后续研究亟待攻克的难关。

在案例地选择和解构单元确立上仍然是以大别山区乡村为研究

主体，相关结论可能还是存在一定的地域空间指向性，后续研究将民族山区乡村纳入田野工作区范畴。乡村旅游融合性评价指标体系中新增了较多的主观指标，这就要求野外调研实际中收集大量且有效的样本以减少主观差异性对测度结果的影响。本研究未深入剖析拥有"美丽乡村"称号的村落与未拥有相关称号的村落之间存在乡村旅游融合性水平差异的背后逻辑，后续研究拟进一步剖析乡村旅游发展与美丽乡村建设的共生效应与耦合机制。

基于旅游影响下林区地域主体的多元化，本书给予了政府、旅游企业、居民（职工）较多的人文关怀。随着旅游业与农业、林业的深度融合，旅游者在林区停留时间的延长以及参与、体验的加深，旅游者对林区乡村旅游融合性势必产生更加深刻的影响。因此，在后续乡村旅游融合探索中，还需将旅游者的需求、行为，及其与当地居民的融合等纳入分析框架。

参考文献

一 中文文献

习近平：《论"三农"工作》，中央文献出版社2022年版。

习近平：《习近平著作选读》（第二卷），人民出版社2023年版。

费孝通：《乡土中国》，上海人民出版社2013年版。

亚当·斯密（1776）：《国富论》，商务印书馆1997年版。

蔡建刚、周波：《乡村振兴战略下的乡村旅游与脱贫攻坚》，《贵州民族研究》2020年第4期。

蔡静诚、熊琳：《"营造"社会治理共同体——空间视角下的社区营造研究》，《社会主义研究》2020年第4期。

蔡静诚、熊琳：《从再造空间到再造共同体：社区营造的实践逻辑》，《华南理工大学学报》（社会科学版）2019年第2期。

蔡克信、杨红、马作珍莫：《乡村旅游：实现乡村振兴战略的一种路径选择》，《农村经济》2018年第9期。

曹大明：《台湾高山族社区营造研究：历程、经验及启示》，《云南民族大学学报》（哲学社会科学版）2020年第5期。

陈高、代力民、范竹华等：《森林生态系统健康及其评估监测》，

《应用生态学报》2002 年第 5 期。

陈佳、张丽琼、杨新军等：《乡村旅游开发对农户生计和社区旅游效应的影响——旅游开发模式视角的案例实证》，《地理研究》2017 年第 9 期。

陈劲松：《社区·大盘出路》，机械工业出版社 2003 年版。

陈明星、陆大道、张华：《中国城市化水平的综合测度及其动力因子分析》，《地理学报》2009 年第 4 期。

陈铭、张佩：《从外部引入到内部融合——传统特色街区的社区营造与商住矛盾研究》，《城市规划》2020 年第 7 期。

陈培培、张敏：《从美丽乡村到都市居民消费空间——行动者网络理论与大世凹村的社会空间重构》，《地理研究》2015 年第 8 期。

陈小燕：《多元耦合：乡村振兴语境下的精准扶贫路径》，《贵州社会科学》2019 年第 3 期。

陈晓艳、黄睿、洪学婷等：《传统村落旅游地乡愁的测度及其资源价值——以苏南传统村落为例》，《自然资源学报》2020 年第 7 期。

陈娅玲、杨新军：《旅游社会—生态系统及其恢复力研究》，《干旱区资源与环境》2011 年第 11 期。

陈昭、王欢、钱慧：《回归空间：城市权利视角下的中国社区营造》，《城市规划》2021 年第 11 期。

邓小海：《从"脱贫"迈向"振兴"：乡村旅游发展的动力转换》，《贵州社会科学》2021 年第 2 期。

丁建军、王璋、柳艳红等：《中国连片特困区经济韧性测度及影响因素分析》，《地理科学进展》2020 年第 6 期。

东昆鹏、刘鸿琳、徐建刚等：《社区营造视域下的内城街区活力再生途径——以西安回坊为例》，《城市规划》2021 年第 2 期。

董世魁：《草地对全球变化的响应及其适应性管理》，农业部草原监理中心、中国草学会：《2009 中国草原发展论坛论文集》，2009 年。

董文静、王昌森、张震：《山东省乡村振兴与乡村旅游时空耦合研究》，《地理科学》2020年第4期。

杜群阳、俞航东：《2003—2015年中国城市劳动力技能互补、收入水平与人口城镇化》，《地理科学》2019年第4期。

段正梁、周树雄：《内生性视角下的多元化与旅游企业价值关系》，《旅游学刊》2012年第2期。

范冬阳、刘健：《第二次世界大战后法国的乡村复兴与重构》，《国际城市规划》2019年第3期。

方松林、曹盼宫：《陕甘宁能源矿区生态农业社区营建模式研究》，《湖北农业科学》2013年第22期。

费孝通：《从人类学是一门交叉的学科谈起》，《广西民族学院学报》（哲学社会科学版）1997年第2期。

冯漪、曹银贵、耿冰瑾等：《生态系统适应性管理：理论内涵与管理应用》，《农业资源与环境学报》2021年第4期。

高红：《社区营造有效性的影响因素与实现路径——基于38个城市社区营造案例的模糊集定性比较分析》，《社会科学》2021年第9期。

高慧智、张京祥、罗震东：《复兴还是异化？消费文化驱动下的大都市边缘乡村空间转型——对高淳国际慢城大山村的实证观察》，《国际城市规划》2014年第1期。

高静芳：《森林生态系统综合管理：美国经验及其对中国的启示》，《林业经济》2017年第5期。

高俊、王灵恩、黄巧：《边境旅游地乡村转型及可持续发展路径——云南打洛口岸地区的民族志研究》，《地理研究》2020年第10期。

高爽、李红勋：《国有林场与社区合作经营森林模式研究与启示——以福建省三明市省属国有林场为例》，《北京林业大学学报》

（社会科学版）2020年第3期。

高艺多：《城市社区营造的本土实践：模式、机制与问题——基于对上海市P区项目评估的反思》，《社会工作》2020年第4期。

耿松涛、张伸阳：《乡村振兴背景下乡村旅游与文化产业协同发展研究》，《南京农业大学学报》（社会科学版）2021年第5期。

郭凌、王志章：《新制度经济学视角下旅游目的地社会冲突治理研究——基于对四川泸沽湖景区的案例分析》，《旅游学刊》2016年第7期。

韩增林、李彬、张坤领等：《基于CiteSpace中国海洋经济研究的知识图谱分析》，《地理科学》2016年第5期。

何欣：《制度视域下的草地资源利用和管理研究》，博士学位论文，内蒙古大学，2013年。

侯向阳、尹燕亭、王婷婷：《北方草原牧户心理载畜率与草畜平衡生态管理途径》，《生态学报》2015年第24期。

胡西武、刘小鹏、黄越等：《宁夏生态移民村空间剥夺测度及影响因素》，《地理学报》2020年第10期。

胡泽文、孙建军、武夷山：《国内知识图谱应用研究综述》，《图书情报工作》2013年第3期。

黄建：《社区营造：一种农村精准扶贫的新视角》，《宏观经济管理》2018年第7期。

黄细嘉、赵晓迪：《旅游型乡村建设要素与乡村振兴战略要义》，《旅游学刊》2018年第7期。

黄鑫、邹统钎、储德平：《旅游乡村治理演变机理及模式研究——陕西袁家村1949—2019年纵向案例研究》，《人文地理》2020年第3期。

贾未寰、符刚：《乡村旅游助推新时代乡村振兴：机理、模式及对策》，《农村经济》2020年第3期。

姜振华、胡鸿保：《社区概念发展的历程》，《中国青年政治学院学报》2002年第4期。

金帅、盛昭瀚、刘小峰：《流域系统复杂性与适应性管理》，《中国人口·资源与环境》2010年第7期。

柯水发、王芳、李彪：《国有林场与周边村落的共管利益及实践探索——以内蒙古赤峰市喀喇沁旗旺业甸实验林场为例》，《林业经济问题》2016年第5期。

李昌平：《中国乡村复兴的背景、意义与方法——来自行动者的思考和实践》，《探索与争鸣》2017年第12期。

李明烨、汤爽爽：《法国乡村复兴过程中文化战略的创新经验与启示》，《国际城市规划》2018年第6期。

李桥兴：《全域旅游和乡村振兴战略视域下广西阳朔县民宿业的创新发展路径》，《社会科学家》2019年第9期。

李文茂、雷刚：《社区概念与社区中的认同建构》，《城市发展研究》2013年第9期。

李燕琴：《乡村振兴战略的推进路径、创新逻辑与实施要点——基于欧洲一体化乡村旅游框架的启示》，《云南民族大学学报》（哲学社会科学版）2019年第4期。

李志龙：《乡村振兴——乡村旅游系统耦合机制与协调发展研究——以湖南凤凰县为例》，《地理研究》2019年第3期。

林群、张守攻、江泽平：《国外森林生态系统管理模式的经验与启示》，《世界林业研究》2008年第5期。

刘红梅：《民族村寨旅游高质量发展引导乡村振兴的机制及路径》，《社会科学家》2021年第4期。

刘琨、李春利、白福春：《我国图情领域名称规范文献计量研究》，《图书馆工作与研究》2017年第12期。

刘彦随、李进涛：《中国县域农村贫困化分异机制的地理探测与优化决策》,《地理学报》2017年第1期。

刘逸:《战略耦合的研究脉络与问题》,《地理研究》2018年第7期。

刘逸、黄凯旋、保继刚等:《嵌入性对古村落旅游地经济可持续发展的影响机制研究——以西递、宏村为例》,《地理科学》2020年第1期。

刘勇、韩力、侯全华:《"社区营造"视角下的历史文化名村保护规划探析》,《建筑科学与工程学报》2017年第4期。

龙贺兴、傅一敏、刘金龙:《国际森林治理的变迁历程和展望》,《林业经济》2016年第3期。

陆林、任以胜、朱道才等:《乡村旅游引导乡村振兴的研究框架与展望》,《地理研究》2019年第1期。

吕龙、黄震方、陈晓艳:《文化记忆视角下乡村旅游地的文化研究进展及框架构建》,《人文地理》2018年第2期。

吕宛青、张冬、杜靖川:《基于知识图谱的旅游利益相关者研究进展及创新分析》,《资源开发与市场》2018年第4期。

罗伯特·帕特南:《独自打保龄:美国社区的衰落与复兴》,北京大学出版社2011年版。

麻学锋、刘玉林、谭佳欣:《旅游驱动的乡村振兴实践及发展路径——以张家界市武陵源区为例》,《地理科学》2020年第12期。

马慧强、燕明琪、李岚等:《我国旅游公共服务质量时空演化及形成机理分析》,《经济地理》2018年第3期。

马历、龙花楼、屠爽爽等:《基于乡村多功能理论的贫困村域演变特征与振兴路径探讨——以海南省什寒村为例》,《地理科学进展》2019年第9期。

马小琴:《山西省乡村旅游与乡村振兴耦合协调度测度》,《中国农业资源与区划》2019年第9期。

马瑛、吴冰、贾榕榕：《乡村旅游引导乡村振兴绩效评价研究——以太原市王吴村为例》，《中国农业资源与区划》2021年第12期。

苗大雷、曹志刚：《台湾地区社区营造的历史经验、未竟问题及启示——兼论我国城市社区建设的发展路径》，《中国行政管理》2016年第10期。

明庆忠、刘宏芳：《乡村旅游：美丽家园的重塑与再造》，《云南师范大学学报》（哲学社会科学版）2016年第4期。

莫筱筱、明亮：《台湾社区营造的经验及启示》，《城市发展研究》2016年第1期。

聂学东：《河北省乡村振兴战略与乡村旅游发展计划耦合研究》，《中国农业资源与区划》2019年第7期。

庞艳华：《河南省乡村旅游与乡村振兴耦合关联分析》，《中国农业资源与区划》2019年第11期。

乔宇：《乡村振兴背景下乡村旅游民宿发展模式——以海南省为例》，《社会科学家》2019年第11期。

任航、张振克、蒋生楠等：《非洲港口城市分布特征及其港城规模关系比较》，《人文地理》2018年第6期。

申明锐、张京祥：《新型城镇化背景下的中国乡村转型与复兴》，《城市规划》2015年第1期。

沈费伟、刘祖云：《发达国家乡村治理的典型模式与经验借鉴》，《农业经济问题》2016年第9期。

沈费伟、刘祖云：《海外"乡村复兴"研究——脉络走向与理论反思》，《人文地理》2018年第1期。

沈费伟、刘祖云：《精英培育、秩序重构与乡村复兴》，《人文杂志》2017年第3期。

沈费伟、肖泽干：《国外农民协会发展模式及对中国的经验启示》,《世界农业》2016年第9期。

生延超、刘晴:《都市近郊传统村落乡村旅游嬗变过程中人地关系的演化——以浔龙河村为例》,《旅游学刊》2021年第3期。

舒伯阳、刘玲:《乡村振兴中的旅游乡建与包容性发展》,《旅游学刊》2018年第7期。

舒伯阳、马静:《中国乡村旅游政策体系的演进历程及趋势研究——基于30年数据的实证分析》,《农业经济问题》2019年第11期。

宋慧娟、陈明:《乡村振兴战略背景下乡村旅游提质增效路径探析》,《经济体制改革》2018年第6期。

苏飞、王中华:《乡村振兴视域下的中国乡村旅游——发展模式、动力机制与国际经验借鉴》,《世界农业》2020年第2期。

孙建、张振超、董世魁:《青藏高原高寒草地生态系统的适应性管理》,《草业科学》2019年第4期。

孙九霞:《赋权理论与旅游发展中的社区能力建设》,《旅游学刊》2008年第9期。

孙九霞:《旅游中的主客交往与文化传播》,《旅游学刊》2012年第12期。

孙九霞、罗婧瑶:《旅游发展与后地方共同体的构建》,《北方民族大学学报》(哲学社会科学版)2019年第3期。

孙特生、胡晓慧:《基于农牧民生计资本的干旱区草地适应性管理——以准噶尔北部的富蕴县为例》,《自然资源学报》2018年第5期。

孙威、毛凌潇:《基于CiteSpace方法的京津冀协同发展研究演化》,《地理学报》2018年第12期。

孙业红、闵庆文、钟林生等:《少数民族地区农业文化遗产旅游开发探析》,《中国人口·资源与环境》2009年第1期。

汤羽扬、高春凤、张曼：《城市化进程中通州老城南大街民族聚居区保护发展的思考——基于社会学调查的观察》，《现代城市研究》2021年第2期。

唐兵、惠红：《民族地区原住民参与旅游开发的法律赋权研究——兼与左冰、保继刚商榷》，《旅游学刊》2014年第7期。

唐任伍、徐道明：《新时代高质量旅游业发展的动力和路径》，《旅游学刊》2018年第10期。

陶虹佼：《乡村振兴战略背景下发展民宿业的路径研究——以江西省为例》，《企业经济》2018年第10期。

佟金萍、王慧敏：《流域水资源适应性管理研究》，《软科学》2006年第2期。

王安平、杨可：《新时代乡村旅游业与乡村振兴融合发展途径研究》，《重庆社会科学》2020年第12期。

王昌森、张震、董文静等：《乡村振兴战略下美丽乡村建设与乡村旅游发展的耦合研究》，《统计与决策》2019年第13期。

王超超、李孝坤、李赛男等：《基于乡村旅游视角的乡村复兴探析——以重庆市万州区凤凰村乡村公园建设为例》，《重庆师范大学学报》（自然科学版）2016年第6期。

王晨光：《集体化乡村旅游发展模式对乡村振兴战略的影响与启示》，《山东社会科学》2018年第5期。

王成、何焱：《重庆市乡村生产空间系统脆弱性时空分异与差异化调控》，《地理学报》2020年第8期。

王华、陈烈：《西方城乡发展理论研究进展》，《经济地理》2006年第3期。

王华、苏伟锋：《旅游驱动型乡村绅士化过程与机制研究——以丹霞山两村为例》，《旅游学刊》2021年第5期。

王劲峰、徐成东：《地理探测器：原理与展望》，《地理学报》

2017年第1期。

王京海、张京祥:《资本驱动下乡村复兴的反思与模式建构——基于济南市唐王镇两个典型村庄的比较》,《国际城市规划》2016年第5期。

王经绫:《文化艺术创新与传统村落的振兴——以韩国釜山甘川洞特色文化村为个案的研究》,《世界民族》2021年第2期。

王景慧、阮仪三、王林:《历史文化名城保护理论与规划》,同济大学出版社1999年版。

王铭铭:《小地方与大社会——中国社会的社区观察》,《社会学研究》1997年第1期。

王鹏飞、王瑞璠:《行动者网络理论与农村空间商品化:以北京市麻峪房村乡村旅游为例》,《地理学报》2017年第8期。

王祺、蒙吉军、齐杨等:《基于承载力动态变化的生态系统适应性管理——以鄂尔多斯乌审旗为例》,《地域研究与开发》2015年第4期。

王庆生、张行发、郭静:《基于共生理论的乡村旅游精准扶贫模式和路径优化研究——以山东省沂南县竹泉村为例》,《地域研究与开发》2019年第3期。

王琼英、唐代剑:《基于城乡统筹的乡村旅游价值再造》,《农业经济问题》2012年第11期。

王群、陆林、杨兴柱:《国外旅游地社会—生态系统恢复力研究进展与启示》,《自然资源学报》2014年第5期。

王淑佳:《社区营造视角的古村落旅游开发与保护研究》,硕士学位论文,华南理工大学,2013年。

王维艳、李宏、沈琼:《乡村社区旅游空间不正义及其"住改商"制度症结——波兰尼嵌入性视角下的西江苗寨实证研究》,《人文地理》2020年第5期。

王文杰、潘英姿、王明翠等：《区域生态系统适应性管理概念、理论框架及其应用研究》，《中国环境监测》2007年第2期。

王文龙：《中国美丽乡村建设反思及其政策调整建议——以日韩乡村建设为参照》，《农业经济问题》2016年第10期。

王新越、吴宁宁、秦素贞：《山东省旅游化发展水平的测度及时空差异分析》，《人文地理》2014年第4期。

王秀伟：《大运河文化带文旅融合水平测度与发展态势分析》，《深圳大学学报》（人文社会科学版）2020年第3期。

王勇：《高质量发展视角下推动乡村旅游发展的路径思考》，《农村经济》2020年第8期。

魏超、戈大专、龙花楼等：《大城市边缘区旅游开发引导的乡村转型发展模式——以武汉市为例》，《经济地理》2018年第10期。

吴鹏森：《社区：具有相对独立性的地域社会——与丁元竹、江汛清同志商榷》，《社会学研究》1992年第2期。

吴巧红：《女性在乡村旅游助推乡村振兴中的作用》，《旅游学刊》2018年第7期。

吴思斌、刘细发：《发展旅游产业、推进乡村振兴》，《人民论坛》2018年第17期。

武少腾、付而康、李西：《四川省乡村旅游可持续发展水平测度》，《中国农业资源与区划》2019年第7期。

西奥多·W. 舒尔茨等：《改造传统农业》，商务印书馆1987年版。

向富华：《乡村旅游开发：城镇化背景下"乡村振兴"的战略选择》，《旅游学刊》2018年第7期。

向芸芸、陈培雄、杨辉等：《基于资源环境承载力的海岛生态系统适应性管理——以温州市洞头区为例》，《海洋环境科学》2018年第4期。

肖黎明、王彦君、郭瑞雅：《乡愁视域下乡村旅游高质量发展的空间差异及演变——基于黄河流域的检验》,《旅游学刊》2021年第11期。

熊芳芳:《"乡村的复兴":19世纪以来法国的乡村城镇化与城乡关系的转变》,《历史教学问题》2018年第1期。

徐冬、黄震方、李东晔等:《胁迫视角下乡村旅游地文化影响研究进展与框架构建》,《人文地理》2019年第6期。

徐广才、康慕谊、史亚军:《自然资源适应性管理研究综述》,《自然资源学报》2013年第10期。

许为一、杨昌新、李静波:《社区营造理念下历史建筑与建成环境的再生路径——以福建塔下土楼青普文化行馆为例》,《中国园林》2021年第8期。

旭日干、任继周、南志标等:《保障我国草地生态与食物安全的战略和政策》,《中国工程科学》2016年第1期。

杨春宇:《旅游地适应性管理模式:一个演化博弈的视角》,《经济管理》2009年第8期。

杨春宇:《中国旅游制度变迁机制及其理论体系构建研究——基于新博弈格局视角》,《商业经济与管理》2011年第12期。

杨德进、白长虹:《我国旅游扶贫生态效率的提升路径》,《旅游学刊》2016年第9期。

杨和平、杨朝现、信桂新等:《西南丘陵区农村居民点多功能评价与优化策略——以重庆市荣昌区为例》,《中国农业资源与区划》2020年第2期。

杨浏熹:《西南少数民族地区传统村落的"活态化"》,《广西民族大学学报》(哲学社会科学版)2021年第3期。

杨忍、罗秀丽、陈燕纯:《中国县域乡村地域多功能格局及影响因素识别》,《地理科学进展》2019年第9期。

叶功富、尤龙辉、卢昌义等:《全球气候变化及森林生态系统的适应性管理》，《世界林业研究》2015年第1期。

银元、李晓琴：《乡村振兴战略背景下乡村旅游的发展逻辑与路径选择》，《国家行政学院学报》2018年第5期。

尹广文：《社区营造：一个新的社区建设的理论与实践》，《福建论坛》（人文社会科学版）2017年第4期。

于蓉：《四川省乡村旅游适应性管理问题研究》，《农业经济》2016年第1期。

余元林：《国有林场场外造林对区域林业产业扶贫工作的推动作用——以贵州省国有扎佐林场为例》，《绿色科技》2018年第11期。

云翃、林浩文：《文化景观动态变化视角下的遗产村落保护再生途径》，《国际城市规划》2021年第4期。

张春美、黄红娣、曾一：《乡村旅游精准扶贫运行机制、现实困境与破解路径》，《农林经济管理学报》2016年第6期。

张春燕、罗静：《旅游驱动下的国有林场社区空间组织演化研究——以大别山区罗田县薄刀峰林场为例》，《华中师范大学学报》（自然科学版）2017年第5期。

张高军、姜秋妍：《旅游发展对乡村振兴的促进作用——以川北醉美玉湖—七彩长滩乡村旅游区为例》，《陕西师范大学学报》（自然科学版）2019年第2期。

张国忠：《生态脆弱地区旅游开发的环境影响及其对策——以新疆四地州旅游战略规划为例》，《中国沙漠》2006年第1期。

张涵、李阳兵：《城郊土地利用功能演变——以贵州省惠水县乡村旅游度假区好花红村为例》，《地理科学进展》2020年第12期。

张京祥、申明锐、赵晨：《超越线性转型的乡村复兴——基于南京市高淳区两个典型村庄的比较》，《经济地理》2015年第3期。

张京祥、申明锐、赵晨：《乡村复兴：生产主义和后生产主义下的中国乡村转型》，《国际城市规划》2014年第5期。

张瑛、赵建峰：《旅游流时空卡口与系统仿真实验预测——一种景区日常环境容量主动适应性管理方法》，《旅游学刊》2020年第9期。

张圆刚、黄业坚、余向洋：《乡村旅游政策变迁影响路径的组态视角研究——基于黄山案例地的定性比较分析》，《地理科学进展》2021年第3期。

张众：《乡村旅游与乡村振兴战略关联性研究》，《山东社会科学》2020年第1期。

张祝平：《以文旅融合理念推动乡村旅游高质量发展：形成逻辑与路径选择》，《南京社会科学》2021年第7期。

赵飞、姜苗苗、章家恩等：《乡村振兴视域下的乡村民宿发展研究——以增城"万家旅舍"为例》，《中国生态农业学报（中英文）》2019年第2期。

赵庆建、温作民：《森林生态系统适应性管理的理论概念框架与模型》，《林业资源管理》2009年第5期。

赵影、钟小东：《基于旅游地生命周期理论的乡村旅游经济适应性管理策略研究》，《农业经济》2016年第8期。

郑中玉：《都市运动与社区营造：社区生产的两种方案及其缺憾》，《社会科学》2019年第5期。

钟洁、冯蓉：《论社会冲突理论视角的旅游社会冲突正负双重功能——基于对西部民族地区旅游业发展的考察》，《民族学刊》2018年第3期。

周丽、蔡张瑶、黄德平：《西部民族地区乡村旅游高质量发展的现实需求、丰富内涵和实现路径》，《农村经济》2021年第6期。

周玲强：《中国旅游发展笔谈——乡村旅游助推乡村振兴》，《旅游学刊》2018年第7期。

周梦、卢小丽、李星明等：《乡村振兴视域下旅游驱动民族地区文化空间重构：一个四维分析框架》，《农业经济问题》2021年第9期。

朱梦源：《基于"自主更新"模式的少数民族传统聚落的保护策略——以广西鼓鸣寨为例》，《现代城市研究》2018年第10期。

朱启臻：《乡村振兴背景下的乡村产业——产业兴旺的一种社会学解释》，《中国农业大学学报》（社会科学版）2018年第3期。

朱霞、周阳月、单卓然：《中国乡村转型与复兴的策略及路径——基于乡村主体性视角》，《城市发展研究》2015年第8期。

左冰、万莹：《去内卷化：乡村旅游对农业发展的影响研究》，《中国农业大学学报》（社会科学版）2015年第4期。

二 外文文献

Aggarwal, A., Improving Forest Governance or Messing it up? Analyzing Impact of Forest Carbon Projects on Existing Governance Mechanisms with Evidence from India, *Forest Policy and Economics*, 2020, 111: 102080.

Allen, C. R., Gunderson, L. H., Pathology and Failure in the Design and Implementation of Adaptive Management, *Journal of environmental management*, 2011, 92（5）.

Barou, J., Néo-ruraux Britanniques et Ruraux Français, *Hommes et migrations*, 1994.

Batten, T. R., Batten, M., *The Non-Directive Approach in Group and Community Work*, Oxford University Press, 1967.

Berjan, Siniša, El Bilali H., Janković, Snežana, et al., *Agricultural and rural development governance and coordination in Bosnia and Herzegovina*, Economics of Agriculture, 2015, 62.

Calza, F., Go, F. M., Parmentola, A., et al., European Rural Entrepreneur and Tourism-based Diversification: Does National Culture

Matter?, *International Journal of Tourism Research*, 2018, 20 (5).

Carneiro, M. J., Lima, J., Silva, A. L., Landscape and the Rural Tourism Experience: Identifying Key Elements, Addressing Potential, and Implications for the Future, *Journal of Sustainable Tourism*, 2015, 23 (8-9).

Cawley, M., Marsat, J. B., Gillmor, D. A., Promoting Integrated Rural Tourism: Comparative Perspectives on Institutional Networking in France and Lreland, *Tourism Geographies*, 2007, 9 (4).

Clark, G., Chabrel, M., Measuring Integrated Rural Tourism, *Tourism Geographies*, 2007, 9 (4).

Gao, J., Wu, B., Revitalizing Traditional Villages Through Rural Tourism: A Case Study of Yuanjia Village, Shaanxi Province, China, *Tourism Management*, 2017, 63.

Granovetter, M., Economic Action and Social Structure: The Problem of Embeddedness, *American Journal of Sociology*, 1985, 91 (3).

Grimes, S., Rural Areas in the Information Society: Diminishing Distance or Increasing Learning Capacity, *Journal of Rural Studies*, 2000, 16 (1).

Habron, G., Role of Adaptive Management for Watershed Councils, *Environmental Management*, 2003, 31 (1).

Holling, C. S., Resilience and Stability of Ecological Systems, *Annual Review of Ecology and Systematics*, 1973, 4 (1).

Ilbery, B., Saxena, G., Evaluating "Best Practice" in Integrated Rural Tourism: Case Examples From the England-Wales Border Region, *Environment and Planning A*, 2009, 41 (9).

Ilbery, B., Saxena, G., Integrated Rural Tourism in the English-Welsh Cross-border Region: An Analysis of Strategic, Administrative and Personal Challenges, *Regional Studies*, 2011, 45 (8).

Ilbery, B., Saxena, G., Kneafsey, M., Exploring Tourists and Gatekeepers' Attitudes Towards Integrated Rural Tourism in the England-Wales Border Region, *Tourism Geographies*, 2007, 9 (4).

Johnson, K. N., Holthausen, R., Shannon, M. A., et al., *Forest Ecosystem Management Assessment Team Assessments: Case Study*, Bioregional Assessments: Science at the Crossroads of Management and Policy, 1999.

Kiss, E., Rural Restructuring in Hungary in the Period of Socio-economic Transition, *GeoJournal*, 2000, 51 (3).

Lenao, M., Saarinen, J., Integrated Rural Tourism as a Tool for Community Tourism Development: Exploring Culture and Heritage Projects in the North-East District of Botswana, *South African Geographical Journal*, 2015, 97 (2).

Likert, R. A., Technique for Measurement of Attitudes, *Archives of Psychology*, 1932, 22 (14).

Loreau, M., Mouquet, N., Holt, R. D., Meta Ecosystems: A Theoretical Framework for a Spatial Ecosystem Ecology, *Ecology Letters*, 2003, 6 (8).

Milićević, S., Podovac, M., Čavlin, M., Resources for Development of the Rača Municipality as a Rural Tourism Destination, *Ekonomika Poljoprivrede* (1979), 2015, 62 (3).

Murray, C., Marmorek, D. R., *Adaptive Management: A Spoonful of Rigour Helps the Uncertainty go Down*, 16th International Annual Meeting of the Society for Ecological Restoration, 2004.

Njegač, D., Toskić, A., Rural Diversification and Socio-economic Transformation in Croatia, *GeoJournal*, 1998, 46 (3).

Nyberg, J. B., Statistics and the Practice of Adaptive Management, *Statistical Methods for Adaptive Management Studies*, 1998 (42).

Panyik, E., Costa, C., Rátz, T., Implementing Integrated Rural Tourism: An Event-based Approach, *Tourism Management*, 2011, 32 (6).

Parma, A. M., What can Adaptive Management do for Our Fish, Forests, Food, and Biodiversity?, *Integrative Biology: Issues, News, and Reviews*, 1998, 1 (1).

Parviz Koohafkan, Conservation and Adaptive Management of Globally Important Agricultural Heritage Systems (GIAHS), *Journal of Resources and Ecology*, 2009, 31 (1): 4–9.

Petrou, A., Pantziou, E. F., Dimara, E., et al., Resources and Activities Complementarities: the Role of Business Networks in the Provision of Integrated rural Tourism, *Tourism Geographies*, 2007, 9 (4).

Polanyi, K., *The Great Transformation: Economic and Political Origins of our Time*, New York: Rinehart, 1944.

Poulios, I., Is Every Heritage Site a "Living" One? Linking Conservation to Communities' Association with Sites, *The Historic Environment (London)*, 2011, 2 (2).

Povilanskas, R., Armaitienė, A., Seaside Resort-hinterland Nexus: Palanga, Lithuania, *Annals of Tourism Research*, 2011, 38 (3).

Ray, C., *Culture Economies: A Perspective on Local Rural Development in Europe*, Centre for Rural Economy, Dept. of Agricultural Economics and Food Marketing, University of Newcastle upon Tyne, 2001.

Ray, C., Culture Intellectual Property and Territorial Rural Development, *Sociologia Ruralis*, 1998, 38 (1).

René van der Duim, "Tourismscapes: An actor-network Perspective", *Annals of Tourism Research*, 2007, 34 (4).

Ruda, G., Rural Buildings and Environment, *Landscape and Urban Planning*, 1998, 41 (2).

Saarinen, J., Lenao, M., Integrating Tourism to Rural Development and Planning in the Developing World, *Development Southern Africa*, 2014, 31 (3).

Saxena, G., Clark, G., Oliver, T., et al., Conceptualizing Integrated Rural Tourism, *Tourism Geographies*, 2007, 9 (4).

Saxena, G., Llbery, B., Developing Integrated Rural Tourism: Actor Practices in the English/Welsh Border, *Journal of Rural Studies*, 2010, 26 (3).

Saxena, G., Llbery, B., Integrated Rural Tourism a Border Case Study, *Annals of Tourism Research*, 2008, 35 (1).

Shen, W., Preparing for China's "Urban Billion" —Policy Implications and Potential for International Cooperation, *Environmental Practice*, 2013, 15 (3).

Stam, E., *International Encyclopedia of Human Geography*, ELSEVIER, 2009.

Stoffelen, A., Vanneste, D., Tourism and Cross-border Regional Development: Insights in European Contexts, *European Planning Studies*, 2017, 25 (6).

Taylor, B., *Adaptive Management of Forests in British Columbia*, British Columbia, Forest Practices Branch, 1997.

Thrift, N., Kitchin, R., *International Encyclopedia of Human Geography*, London: Elsevier Science & Technology, 2009: 429–44.

Van der Duim, R., Tourismscapes an Actor-network Perspective, *Annals of Tourism Research*, 2007, 34 (4): 961-976.

Williams, B. K., Adaptive Management of Natural Resources—Framework and Issues, *Journal of Environmental Management*, 2011, 92 (5).

Woetzel, J., Mendonca, L., Devan, J., et al., *Preparing for China's Urban Billion*, Mckinsey Global Institute Report, 2009.

Woods, M., Performing Rurality and Practicing Rural Geography, *Progress in Human Geography*, 2010, 34 (6)

Zheng, L., Liu, H., Integrated Rural Tourism Strategic Selection. A Case in China, *Journal of Environmental Protection and Ecology*, 2013, 14 (3).

附件一 主要受访人员基本信息表

地区	姓名	职务	访谈时间
湖北省罗田县	CCM	薄刀峰林场场长	2019.01.24
	YQM	薄刀峰林场办公室工作人员	2019.01.24
	GS	薄刀峰龚家冲村村书记	2019.01.24
	LXN	薄刀峰板桥村妇女主任	2019.01.25
	XSM	薄刀峰板桥村村主任	2019.01.25
	CYH	薄刀峰平坦原村民	2019.01.25
	LBF	天堂寨林场主任	2019.05.31
	QCF	天堂寨黄柏山村村主任	2019.01.25
	WSG	天堂寨黄柏山村居民	2019.05.31
	HJ	天堂寨吊桥河村村书记	2019.05.31
	WP	九资河镇五条路村农家乐老板	2021.04.18
	LLP	九资河镇五条路村村干部	2021.04.18
	YLW	天堂寨河西畈村村主任	2019.01.25
	WYZ	大河岸镇闵家河村村书记	2021.11.17
	ZJF	大河岸镇磙石坳村村书记	2021.11.17
	XQQ	大河岸镇古楼冲村村书记	2021.11.17
	WYH	大河岸镇花银岩村妇女主任	2021.11.17
	XWB	骆驼坳镇夏家坳村村书记	2021.11.18
	GHP	骆驼坳镇燕窝湾村村书记	2021.11.18
	FGM	骆驼坳镇樊家冲村村书记	2021.11.18
	WXF	九资河镇圣人堂村村书记	2021.11.19

续表

地区	姓名	职务	访谈时间
湖北省罗田县	XXL	胜利镇瓦屋基村妇女主任	2021.11.25
	LJP	河铺镇古人墩村村书记	2021.11.25
	XFW	河铺镇姚家铺村村书记	2021.11.25
	CCQ	河铺镇林家咀村村书记	2021.11.25
	ZZY	河铺镇严家畈村村书记	2021.11.25
	WZY	凤山镇李家咀村村书记	2021.11.26
	HGX	三里畈镇张家湾村村书记	2021.12.08
	JYA	三里畈镇桥头湾村会计	2021.12.08
	XDC	三里畈镇錾字石村村干部	2021.12.08
	LBJ	大崎镇刘家庙村村书记	2021.12.08
	LYS	匡河镇茶园村村书记	2021.12.15
	DZP	平湖乡秋千厂村村书记	2021.12.15
湖北省英山县	WG	桃花冲林场场长	2019.01.26
	XY	桃花冲红花咀村村主任	2019.01.26
	TC	吴家山林场场长	2019.01.26
	ZY	吴家山吴家山村村书记	2019.05.31
	ZP	吴家山大河冲村村主任	2019.01.26
安徽省潜山市	MJ	天柱山林场主任	2019.04.26
	MYZ	天柱山林场场长	2019.04.28
	CZ	天柱山管委会办公室职员	2019.04.26
	YGQ	龙潭乡万涧村村书记	2019.04.27
	CJJ	龙潭乡万涧村村民	2021.05.08
	CX	龙潭乡万涧村村民	2021.05.08
	LM	龙潭乡万涧村村民	2021.05.08
	LQ	龙潭乡万涧村小卖部老板	2021.05.08
	YHC	龙潭乡漆铺村资料室干部	2019.04.27
	XLS	龙潭乡龙湾村村书记	2019.04.27
	HLP	龙潭乡龙潭村村书记	2019.04.28
	ZYT	天柱山林场风景村村书记	2021.04.17
	ZQ	天柱山林场风景村野寨中学老师	2021.05.07
	LQ	天柱山林场风景村村民	2021.05.07

续表

地区	姓名	职务	访谈时间
安徽省潜山市	LJB	天柱山林场风景村村民	2021.05.07
	GMH	天柱山林场风景村村民	2021.05.07
	LZZ	天柱山林场风景村的士车司机	2021.05.07
	LZ	天柱山林场风景村三祖寺工作人员	2021.05.07
	PL	天柱山旅游委主任	2021.04.17
	JJY	天柱山茶庄村村书记	2021.04.16
	JJY	天柱山茶庄村村书记	2021.04.17
	ZWF	天柱山茶庄村城管工作人员	2021.05.06
	LLZ	天柱山茶庄村电信工作人员	2021.05.06
	GMH	天柱山茶庄村景区工作人员	2021.05.06
	CHJ	天柱山茶庄村景区经营合伙人	2021.05.06
	GJ	天柱山茶庄村旅店老板	2021.05.06
	GJP	天柱山茶庄村警察	2021.05.07
	LY	天柱山茶庄村旅店老板	2021.05.07
	GW	天柱山茶庄村旅店老板	2021.05.07
	XCH	天柱山茶庄村大学生	2021.05.07
	XWJ	天柱山茶庄村魔幻森林小卖部老板	2021.05.07
	GJ	天柱山茶庄村农家乐老板	2021.05.07
	ZZ	天柱山茶庄村农家乐老板	2021.05.07
	GYD	天柱山茶庄村农家乐老板	2021.05.07
	YP	天柱山茶庄村小卖部老板	2021.05.07
	ML	天柱山镇马潭村村民	2021.04.16
	MP	天柱山镇马潭村村主任	2021.04.16
	ZC	天柱山镇天堂村书记	2021.04.18
	SB	潜山县槎水镇乐明村村干部	2021.04.28
	LRJ	潜山市官庄镇官庄村村干部	2021.04.29
	GLS	潜山市官庄镇官庄村村民	2021.04.29
	LSB	潜山市官庄镇官庄村村民	2021.04.29
	HFH	塔畈乡板仓村村书记	2021.04.29
	LXM	源潭村村干部	2021.04.30
	YGQ	天柱山镇万涧村村书记	2021.04.30

续表

地区	姓名	职务	访谈时间
安徽省潜山县	ZWL	痘姆乡红星村村书记	2021.05.06
	WSL	痘姆乡吴塘村村主任	2021.05.06
	GZX	黄铺镇黄埔村村民	2021.05.06
	HG	天堂寨林场旅游办科长	2019.05.17
	HSW	天堂寨黄河村村书记	2019.05.16
安徽省金寨县	HZY	天堂寨后畈村村书记	2019.05.16
	HZH	天堂寨马石村村书记	2019.05.16
	HSL	天堂寨前畈村村书记	2019.05.16
	ZXS	天堂寨杨山村村主任	2019.05.17
	WX	天堂寨泗河村村主任	2019.05.17
	YT	天堂寨渔潭村精准扶贫第一书记	2019.05.17
	JDB	黄柏山林场场长	2019.05.22
	LYC	黄柏山林场科长	2019.05.22
河南省商城县	BKS	黄柏山百战坪村居民	2019.05.22
	ZYH	黄柏山黄柏山村村书记	2019.05.22
	SSF	金兰山吴尖山村村书记	2019.05.23
	FW	金兰山金兰村精准扶贫第一书记	2019.05.23
河南省新县	WQS	金兰山金兰村村书记	2019.05.23
	SWY	金兰山彭河村村书记	2019.05.23
	ZMS	金兰山白果树村村主任	2019.05.23
	WY	新县文旅局工作人员	2019.05.23
	YXZ	金兰山连康山村村书记（原）	2019.05.23

附件二　林区乡村旅游融合性测度调查问卷

您好！我们是华中师范大学城市与环境科学学院"林区振兴的 IRT（融合型乡村旅游）发展模式及其动态调适研究"课题组。本调查问卷采用匿名填写的方式，其结果仅用于课题研究，不会对您的工作与生活带来任何困扰。我们诚挚期望您的支持，谢谢！

1. 您的性别

A. 男　　B. 女

2. 年龄_____岁

3. 学历

A. 初中及以下

B. 高中或中专

C. 大学专科

D. 大学本科及以上

4. 您是

A. 乡村干部（请填写表一）

B. 乡村居民（请填写表二）

C. 旅游企业（旅行社、农家乐与民宿等）人员（请填写表三）

表一至表三分别代表乡村干部、乡村居民与旅游企业人员关于乡村旅游融合性的相关认知，请您根据自身实际情况选择符合（同

意）程度，并打"√"。

表一（乡村干部）：

1. 乡村旅游发展给乡村文化带来多大影响？
   A. 很大　　B. 比较大　　C. 一般　　D. 比较小　　E. 很小

2. 本村每年举行乡村旅游相关会议的次数是多少？
   A. 10 次及以上　B. 7—9 次　　C. 4—6 次　　D. 1—3 次　　E. 不举行

3. 本行政村农家乐的数量是多少？
   A. 30 家以上　　B. 21—30 家　　C. 11—20 家　　D. 1—10 家　　E. 无

4. 当地地名被用于旅游规划或形象推广中的数量是多少？
   A. 4 个及以上　　B. 3 个　　C. 2 个　　D. 1 个　　E. 无

5. 当地特色物产用于旅游活动或推广中的数量是多少？
   A. 4 个及以上　　B. 3 个　　C. 2 个　　D. 1 个　　E. 无

6. 游客在旅游过程中参与当地居民的生产生活吗？
   A. 非常频繁　　B. 比较频繁　　C. 一般　　D. 不太频繁　　E. 不参与

7. 本行政村大概有多少村民从事旅游业？
   A. 60 人以上　　B. 41—60 人　　C. 21—40 人　　D. 1—20 人　　E. 无

8. 旅游就业总人数中，本村村民所占比重是多少？
   A. 81%以上　　B. 61%—80%　　C. 41%—60%　　D. 21%—40%　　E. 20%及以下

9. 游客一般在本村停留时间是多少？
   A. 2 天以上　　B. 2 天　　C. 1 天半　　D. 1 天　　E. 半天

10. 本村距离高速路口路程是多少？
    A. 2 小时以上　B. 1.5—2 小时　C. 1—1.5 小时　D. 0.5—1 小时　E. 0.5 小时以下

11. 本村距离核心景区路程是多少？
    A. 2 小时以上　B. 1.5—2 小时　C. 1—1.5 小时　D. 0.5—1 小时　E. 0.5 小时以下

12. 本村距离县城路程是多少？
    A. 2 小时以上　B. 1.5—2 小时　C. 1—1.5 小时　D. 0.5—1 小时　E. 0.5 小时以下

表二（乡村居民）：

1. 您每年参与乡村旅游决策的次数是多少？
   A. 10 次及以上　　B. 7—9 次　　C. 4—6 次　　D. 1—3 次　　E. 没有参与

续表

2. 乡村旅游发展给您的生活带来多大程度的改变?
A. 很大　　B. 比较大　　C. 一般　　D. 比较小　　E. 很小

3. 乡村旅游发展给乡村文化带来多大影响?
A. 很大　　B. 比较大　　C. 一般　　D. 比较小　　E. 很小

4. 乡村旅游发展让乡村环境变得怎样?
A. 更好　　B. 比较好　　C. 一般　　D. 比较差　　E. 更差

5. 旅游业发展对生活便利性的影响是什么?
A. 更方便　　B. 比较方便　　C. 一般　　D. 不太方便　　E. 更不方便

6. 您每年参加与旅游相关技能培训的次数是多少?
A. 10次以上　　B. 7—9次　　C. 4—6次　　D. 1—3次　　E. 无

7. 游客一般在本村停留时间是多少?
A. 2天以上　　B. 2天　　C. 1天半　　D. 1天　　E. 半天

8. 旅游旺季时,村民们会互相帮助吗?
A. 总是　　B. 常常　　C. 一般　　D. 偶尔　　E. 不会

9. 游客会和您分享他们的生活和文化吗?
A. 总是　　B. 常常　　C. 一般　　D. 偶尔　　E. 不会

表三(旅游企业人员):

1. 您每年参与乡村旅游决策的次数是多少?
A. 10次及以上　　B. 7—9次　　C. 4—6次　　D. 1—3次　　E. 没有参与

2. 乡村旅游发展给乡村文化带来多大影响?
A. 很大　　B. 比较大　　C. 一般　　D. 比较小　　E. 很小

3. 游客在旅游过程中参与当地居民的生产生活吗?
A. 非常频繁　　B. 比较频繁　　C. 一般　　D. 不太频繁　　E. 不参与

4. 本村旅游企业与居民之间的合作是否频繁?
A. 非常频繁　　B. 比较频繁　　C. 一般　　D. 不太频繁　　E. 不参与

5. 本村旅游企业与其他旅游企业之间的合作是否频繁?
A. 非常频繁　　B. 比较频繁　　C. 一般　　D. 不太频繁　　E. 不参与

我们将对您填写的个人信息严格保密。再次感谢您的支持!

林区乡村旅游融合性测度数据获取

渠道一：各村村部（乡镇核验与补充）

1. 村域行政区划面积：_____

2. 村户籍人口数量：_____

3. 村常住人口数量：_____

4. 村基本农田用地面积：_____

5. 村生态保护用地面积：_____（注：林场、河谷等生态用地，生态红线地域）

6. 村旅游建设用地面积：_____（注：景区、旅游公路、农家乐等建设用地）

7. A 级景区数量：_____

8. 与旅游相关的组织（旅行社、合作社）数量：_____

9. 本行政村食宿接待设施（农家乐、民宿）数量：_____

   其中，村民自主经营数量：_____

10. 本行政村每日最多可招待就餐人数：_____

11. 本行政村旅游接待床位数量：_____

12. 村委会与旅游企业（旅行社、合作社、农家乐与民宿等）签订合同的数量：_____

13. 年旅游接待人次：_____

14. 年旅游总收入：_____

15. 年 GDP 总额：_____

16. 乡村旅游发展始于：_____ 年

17. 行政村每年关于乡村旅游的政策或条例数量：_____

18. 本村开展与旅游相关的交流与合作的次数：_____

19. 村域地形地貌占比（注:？/10）：山地____ 平原____ 丘陵____ 水域____

渠道二：互联网

1. 携程平台乡村旅游游记数量：_____
2. 马蜂窝平台乡村旅游游记数量：_____
3. 穷游平台乡村旅游游记数量：_____

后　记

> 那片土地上的人民是故事的缔造者，也是故事中的主人公与讲述者，故事始于2015年，且仍将继续……
>
> ——题记

寒来暑往，秋收冬藏，如今已是新冠疫情发生的第三年。三年里，那片土地上的人们，成功打赢了脱贫攻坚战，并迈上了乡村振兴的康庄大道。三年前，那是2019年年初，再次踏上前往大别山区薄刀峰林场之路，目光所及，皆是回忆……

向前拨弄时光的轮轴，来到2015年。在兜兜转转、跟跟跄跄中开启了博士后生涯，不经意间看到的几条新闻让我与大别山区结缘，并萌生了研究林场社区与乡村旅游的兴趣，在那之前，我一直关注的是城市旅游。研究区域与研究方向的大转折让我惶恐与畏惧，也有惊喜与憧憬。调研之初，我们就像遗落在大别山区的一粒粒种子，汲取着一切关于那片土地的"故事"，脑海中形成了她的最初模样。从初识到真正只身前往那片土地，我鼓足了勇气并付出了努力，所幸后来的每次田野之途都有陪伴。开始的几次田野实践并不是一帆风顺，有蜿蜒盘旋的让人屏住呼吸的陡峭山路；有因不熟悉路况所致的月明星稀之时的赶路；有被拒之门外的沮丧甚至想要放弃的负面情绪；还有……这些难以忘却的记忆，为后来成为一名教师，亲自带学生涉足那片土地提供了宝贵的经验。

博士后出站到入职之初，我将两年多在大别山区薄刀峰林场的所见、所闻、所想沉淀下来，撰写并递交了国家社会科学基金申报书。万分幸运得到了全国哲学社会科学工作办公室及专家的肯定，使我扎根于那片土地的心也更加坚定。

2019 年的第一次调研，在路线安排中，毅然决然地将给我思想启蒙、让我百感交集的薄刀峰林场作为第一站，这也是我第一次与学生一同开展田野调研。第一次永远让人印象深刻。那时的我们，为节省经费，课题组选择了山腰上的一家旅馆。冬天尚未过去，凛冽的寒风拍打着还没有安装空调的房间的窗户，蜷缩着在被窝中我们紧紧挨着老板临时提供的电烤炉，哆嗦着睡了一晚。这一整晚，我们完全没有意识到被子已被烤煳，幸运的是没有发生火灾。也许，是那片土地在庇佑着我们！之后，暑往寒来，我们的足迹已遍布大别山区三个省的八个林场，和林场社区居民一同见证了他们的发展故事。

2020 年年初，疫情如洪水猛兽般开始在中华大地肆虐，那时，我还在他国访学。身处异国他乡的我，无时无刻不牵挂着祖国和家人，同时也想念那片土地和土地上的人们！2020 年 6 月，辗转万里，如愿回到了祖国！酒店隔离、整理资料、准备开学、参加学术会议……再次踏上大别山区已是翌年的春天。

2021 年的几次调研没有如期许般顺利！"调研函"被粗鲁地撕毁，车胎在深山中被扎破，路途遇暴雨，案例地旅游遭重创，等等。时隔一年多，一切都是如此的熟悉，又是那么的陌生！这一年，我们的调研范围拓展到了林场及林区其他乡村，我们走过了近百个村落，它们各具特色又都是中国乡村的缩影。即便"青椒"课题组的调研之旅困难重重，但我们仍欣喜于对这片土地的愈加熟络！

2022年是积淀和重新再出发的一年。8月，我们再次回归原点——薄刀峰林场及其所在的镇域。近四年的时间里，若从2015年算起，已是七年有余，七年光景让我逐渐恋上了这片土地的连绵森林、蜿蜒道路、秀美景观、清新空气，还有这片土地上可爱的人们！七年时光亦锤炼了我的思想、磨炼了我的意志，让我能够再次踏上新的科研征程。

回忆，是酸甜苦辣糅杂的！落笔于此，我想感谢博士后工作期间给予我帮助的导师，是您鼓励并支持我勇敢地跨出了自己的舒适区，寻找真正热爱的前进方向！也要感谢届时的师弟师妹们，是你们的陪伴，让我在最初的几次田野调研中不害怕、不孤独！也感谢我的学生们，是你们的帮助、陪伴与付出，缓解了我的压力并让我的科研之路更有动力，教学相长是我最期待的模样！同时，感谢我的家人，你们永远是我最坚强的后盾！最后，我想感谢自己，感谢那份执着与坚持，感谢自己初心未改！未来，我将带着你们的鼓励与对自己的期待努力前行，继续讲述那片土地上一个个平凡而又伟大的故事！

最美科研人

2022年10月于桂子山